Heinz Ohff

WILLIAM TURNER

Serie Piper
Band 5205

Zu diesem Buch

William Turner (1775–1851), meint der Autor, gibt es zweimal. Der junge Maler stammt noch aus dem 18. Jahrhundert. Der alte nimmt, als Romantiker des 19. Jahrhunderts, den Impressionismus und die abstrakte Kunst des 20. Jahrhunderts vorweg. Wo liegt die Bruchstelle? Wann ist aus dem Vollender ein Verwandler geworden? Heinz Ohff ist der Frage gleichsam vor Ort, anhand des Nachlasses im Britischen Museum, nachgegangen. Seine Theorie stammt aus der unmittelbaren Anschauung dessen, was nur wenige bislang zu sehen bekommen haben. Turner hat als erster das Wetter als Bildinhalt in die Landschaftsmalerei eingeführt: Sturm, Regen, Nebel, Gewitter, sogar schon Smog. Außerdem entwickelte er in den Skizzen, die er schuf, wo er ging und stand, eine bildnerische Kurzschrift, die auf reiner Farbigkeit beruhte und auf Konturen fast ganz verzichtete. Seine »Colour Beginnings« sind der Beginn der abstrakten Malerei.

Heinz Ohff, geboren 1922 in Eutin (Holstein). Studierte als Kriegsgefangener in Chicago Kunstgeschichte und Germanistik, arbeitete sodann als Kunstkritiker für verschiedene deutsche Zeitungen und ließ sich 1961 in Berlin nieder. Heute Feuilletonchef des Berliner »Tagesspiegels«, ist er als Biograph (Eichendorff, Pückler-Muskau, Schinkel) und Verfasser von Monographien zur bildenden Kunst hervorgetreten.
Veröffentlichungen u. a.: 2mal Berlin (1985).

Heinz Ohff

WILLIAM TURNER

Die Entdeckung des Wetters

Mit 9 Abbildungen

Piper
München Zürich

SERIE PIPER
PORTRÄT
Herausgegeben von
Martin Gregor-Dellin und Reinhard Merkel

ISBN 3-492-15205-8
Originalausgabe
Februar 1987

Umschlag: Federico Luci,
unter Verwendung des Gemäldes
»Selbstbildnis im Alter von 23 Jahren« (1798)
von William Turner (Tate Gallery, London)
Gesamtherstellung: Clausen & Bosse, Leck
Printed in Germany

Inhalt

»Was er aus Erfahrung kannte, verwandelte sich durch Formulierung in etwas, was auch er selbst nur noch sah wie ein Bild.«

Sten Nadolny, *Die Entdeckung der Langsamkeit*

Der doppelte Turner

Zu William Turner hat man zwangsläufig ein gespaltenes Verhältnis. Es scheint ihn zweimal zu geben. Und das Werk des einen unterscheidet sich erheblich vom Werk des anderen.

Da ist der endgültige Entdecker der englischen Landschaft, der die Bildstaffagen (und Klischees), die noch aus dem 18. Jahrhundert stammen, in die junge Romantik einführt. Er tendiert, auch wenn er voranstrebt, zurück. Ein Konservativer.

Da ist der andere, der späte Turner, der Eroberer von Neuland, ein Vorläufer impressionistischer Tendenzen, ja bereits der abstrakten Kunst des 20. Jahrhunderts. Unter seinen kräftigen Pinselhieben löst sich die Landschaft zu reiner und freier Malerei auf. Ein Avantgardist.

Absurderweise scheint uns heute der junge Turner alt, der alte dagegen jung. Eine schizophrene Situation. Sollte tatsächlich derselbe Maler jenen kalten, klaren, in den Konturen fast überdeutlichen *Frostigen Morgen* gemalt haben, von dem auch *Norham Castle, Sonnenaufgang* stammt? Die Burg auf einem Felsen am Tweed, dem Grenzfluß zwischen England und Schottland, hebt sich, verschwommen in den Konturen, fahlblau aus dem Morgennebel, den die eben aufgegangene, dunstig verhangene Sonne ockergelb durchsetzt – eine Farblandschaft, die vollkommen abstrakt bliebe, graste nicht im Mittelgrund, eher flüchtig skizziert als scharf umrissen, eine braune Kuh. Sie allein gibt die Proportionen an, führt das Auge zurück, läßt die Farbsymphonie wieder zur vertrauten irdischen Landschaft werden.

Zwischen den Bildern liegen über 20 Jahre – das eine hat Turner 1813 ausgestellt, das andere, 1835–40 entstanden, nie. Zugleich liegen Welten zwischen ihnen. Bekennen wir offen, daß unsere Sympathie und Aufmerksamkeit dem letzteren gehören, jenem reifen Turner, der seiner Zeit um eine so große Spanne vorausgeeilt war, daß selbst wohlmeinende Freunde ihm nicht mehr folgen konnten oder mochten. Selbst John Ruskin, der es besser hätte wissen müssen, entschuldigte das Alterswerk mit abnehmender Augenkraft und flüchtiger Unausgeführtheit.

Es gibt übrigens Bilder, an denen beide Turners, der junge und der alte, beteiligt scheinen. Zu ihnen zählt sein wohl noch heute berühmtestes Bild. Schon seine Zeitgenossen schätzten *The Fighting Temeraire* über alles und nahmen es als sein Meisterwerk.

Dem von einem Dampfschlepper gezogenen Schiff begegnete der damals 63jährige Turner ganz zufällig, als er von Margate nach London fuhr, wie immer das Skizzenbuch parat in der Hand. Die altberühmte »Temeraire«, einst von den Franzosen gekapert, hatte in der Seeschlacht bei Trafalgar, am 21. Oktober 1805, den Tod des Admirals Lord Nelson gerächt, der von einem Scharfschützen vom Masttop des französischen Schlachtschiffes »Redoutable« erschossen worden war. Unmittelbar hinter Nelsons Flaggschiff »Victory« eingesetzt, stieß die »Temeraire« vor und jagte die »Redoutable« in die Luft.

Jetzt, an einem dunstigen Sommerabend des Jahres 1838, war der verdiente Veteran auf dem Weg zum Abwracken – das kostbare Eichenholz, aus dem er von Bug bis Heck bestand, die Teile aus purem Kupfer, zu schweigen von den 98 Kanonen, schienen viel zu wertvoll, um ungenutzt zu bleiben. Das Windkraft- und Segelzeitalter auf den Weltmeeren war zu Ende. Eine neue Epoche brach an.

Turners Bild, das im nächsten Jahr in der Ausstellung der Akademie zu sehen war, zeigte und zeigt den gewaltigen Schiffskörper, wie er vor einer blutrot untergehenden Sonne im Gegenlicht einer heftig gefärbten Themselandschaft wie Gold aufglänzt, ein Schemen, eine Traumvorstellung. Das Bild ist geteilt in eine linke, eher realistische, kalt grünblaue Hälfte und eine rechte, farblich warme bis heißrote, unwirklich abstrakte. Der Raddampfer, der das einst siegreiche Schlachtschiff dem Untergang entgegenschleppt, ist tiefschwarz, auch wenn sein Bug, von den Strahlen der untergehenden Sonne getroffen, rötlich aufleuchtet wie der Rauch, der aus seinem langen, drohend emporgereckten Schornstein entweicht.

Da steckt viel Symbolisches im Bildgehalt, das sich dem Betrachter geradezu aufdrängt. Der Sieg einer weltverändernden Technik, der Dampfkraft, über eine jahrhundertelange Erfahrung im Umgang mit den natürlichen Kräften. Der ewige Triumph des Jungen über das Alte. Die Vergeblichkeit patriotischer Taten.

Besonders letzteres wurde damals heftig empfunden. »Die Sonne der Temeraire geht glanzvoll unter«, interpretierte *The Morning Chronicle* das Bild, die »Temeraire« mit dem Schicksal des britischen Empires – ein wenig voreilig – gleichsetzend. Und William Thackeray, der spätere Romanautor, der unter dem Pseudonym Michael Angelo Titmarsh noch Kunstkritiken schrieb, verglich die Wirkung des Bildes auf das breite Publikum mit dem Absingen der Nationalhymne »God save the Queen« (die junge Königin Viktoria saß eben knapp zwei Jahre auf dem Thron).

Das verbindende Element zwischen den beiden Turners ist unschwer zu definieren. Es besteht aus Symbolik, die zwar ins Bildgeschehen nicht immer derart deutlich eingewoben ist wie bei der *Fighting Temeraire* (oder bei dem fast ebenso berühmten *Frieden – Beisetzung auf See* von 1841 / 42), die aber selbst in der anscheinend abstraktesten Gestaltung vorhanden bleibt. Turner hat sie aus seinen Anfängen herübergerettet, aus dem symboltrunkenen Klassizismus des 18. Jahrhunderts mit den geborstenen Säulen, den Karthago-Visionen, der Staffage aus Göttern, an die keiner mehr glaubte.

Ein pessimistischer Symbolismus. Kein Sonnenuntergang, der bei Turner nicht – unter anderem auch – zu einem Memento mori geriete. Kein Sturm, der nicht auch zugleich auf die allgemeine Unordnung der Welt Bezug nähme. Kein Wetter, das nicht eine Möglichkeit, eine Anspielung auf eine kommende Katastrophe in sich trüge (wenn diese nicht bereits eingetreten ist). Hatte der junge Turner sich bei einer Überfahrt von Dover nach Calais am Mastbaum des Schiffes festbinden lassen, um auch die höchsten Wellen, Gischt und Schaum unmittelbar beobachten zu können, steckte er, noch als fast 70jähriger, bei einer Eisenbahnfahrt im heftigen Gewitter neun Minuten lang den Kopf aus dem geöffneten Fenster, woraus 1844 das Bild *Regen, Dampf und Geschwindigkeit – die Great-Western-Eisenbahn* entstanden ist.

Wer übrigens in ihm einen offenen oder versteckten Symbolgehalt sucht, wird in der rechten unteren Bildhälfte fündig werden, wo, auf Reproduktionen nur selten sichtbar, ein aufgeschreckter Hase vor der fauchenden Lokomotive flüchtet – wahrscheinlich vergeblich, denn er befindet sich auf einer Brücke mit nur wenig mehr Raum als für die Geleise.

Einer der ersten deutschen Kunstbetrachter, die Turner gerecht geworden sind, war der nach England tendierende Theodor Fontane. Die schon erwähnte *Frieden – Beisetzung auf See* (der von Turner hochgeschätzte Maler David Wilkie war 1841 auf See gestorben und beigesetzt worden) schildert er folgendermaßen:

»Alles grau, Himmel, Meer und die Felsen, die in der Ferne ragen; nur eine Signalrakete steigt mit weißem Lichtglanz in die Luft. Und durch das graue, stille Meer schaukelt der Steamer, schwarz der Rumpf, schwarz die Segel und schwarz der Dampf, der wie eine Trauerfahne weht. Das Ganze ein Riesensarg.«

Kennzeichnend für Fontane und fast alle seine Zeitgenossen ist das Unverständnis für Turners weitere Vorstöße. Wo er sich dann doch von jederlei Symbolgehalt entfernt, »wo er durch Farbe und Licht, und beinahe nur durch diese, Effekte erringen wollte, und er sich nicht mehr darum kümmerte, ob der Gegenstand zu seiner Laune paßte oder nicht«, steht selbst ein Kritiker, der vom sinnlichen Erlebnis der Kunst auszugehen pflegt, wie der sprichwörtliche Ochs vorm Berge.

»So entstanden Themse-Bilder«, sinniert Fontane weiter, »auf denen es glüht wie auf Chios oder Madeira, und so entstanden Ansichten von Venedig, auf denen der Markuslöwe aus einer Art Londoner Novembernebel ragt. Die Bilder wären, trotz aller Exzentrizitäten, um ihrer *Stimmung* willen zu preisen gewesen, wenn diese Stimmung nicht sozusagen in der Luft geschwebt und in dem gewählten Vorwurf aller Basis und Wahrheit entbehrt hätten. Die bloße Stimmung aber tut es nicht, ebenso wenig wie das bloße Gefühl; beide bedürfen eines Gegenstandes, der sie *natürlich* trägt.«

Das ist gut gedacht und formuliert, wie alles, was Fontane geschrieben hat, aber unvollkommen gesehen, mit Augen, die in diesem Fall über die unmittelbare Gegenwart und ihre Sichtweise nicht hinausreichten.

Es ist immer wieder ganz erstaunlich, wenn man feststellt, wie lange die Menschheit im allgemeinen, die Maler im besonderen, einem Phänomen fremd gegenüberstanden, das seit jeher eines der meistbeobachteten und meistberedeten gewesen sein muß: dem Wetter. Jahrhundertelang hat es auf Bildern, Zeichnungen und Stichen in der künstlerischen Umsetzung der Landschaft so gut wie nicht existiert. Noch Fontane ist ja keineswegs bereit, bestimmte Wetterbedingungen (es gibt auch in Venedig Nebel, häufig sogar, und prachtvolle Sonnenauf- und -untergänge über der Themse) als vollgültiges Bildthema anzuerkennen. Was er »Basis und Wahrheit« nennt, die für eine »Stimmung« unbedingt notwendig seien, bleibt auf das rein gegenständlich oder topographisch Vorhandene beschränkt. Daß so etwas wie Wetter – Dunst, Nebel, Wolkenwände, Sonnenlicht, Widerschein auf dem Wasser, Regen, Sturm –, daß das Veränderbare der Atmosphäre ebenfalls eine Realität darstellt, wird, vermutlich nach allgemeiner Übereinkunft, kurzerhand geleugnet.

Ähnlich erstaunlich ist die Tatsache, daß in der Kunstgeschichte des Abendlandes sich die Landschaft überhaupt erst so spät als eigenes Bildthema durchgesetzt hat. Wie Fontane das Wetter nicht als darstellenswertes Motiv betrachtet, haben Generationen vorher die Landschaft als gleichsam nichtigen Tatbestand angesehen, zu banal, als daß es sich lohnte, ihn künstlerisch einzufangen oder gar zu überhöhen. Die erste Landschaftsdarstellung, die man exakt einordnen kann, findet sich bei Konrad Witz, 1444 auf dem *Wunderbaren Fischzug*. Christus wandelt, zum Erstaunen und Entsetzen seiner Jünger, auf einem Wasser, das sich durch den topographisch genau gemalten Hintergrund des Mont Petit Salève als der Genfer See enthüllt. Den Berggipfel umschwebt sogar – man traut seinen Augen kaum – eine Wolke.

Wolken werden sonst erst von den Holländern im 17. Jahrhundert in anderer als dekorativer Absicht verwendet. Berühmte Bilder, die jedem zu diesem Motiv einfallen – Giorgiones *Gewitter* (um 1507), mit dem züngelnden Blitz in der Accademia zu Venedig, El Grecos *Blick auf Toledo* (1604–14) im New Yorker Metropolitan Museum, Rembrandts *Gewitterlandschaft* (um 1639) im Herzog-Anton-Ulrich-Museum in Braunschweig, ausgesprochene Beispiele, in denen das Wetter eine gewisse Rolle spielt, sind doch eher Ausnahmen, die die Regel bestätigen. Natur und Landschaft, dies die Regel, spielen zu Beginn abendländischer Kunst nur eine sehr untergeordnete Rolle, nämlich als Andeutung einer Gegend, in der bestimmte Dinge geschehen (zum Beispiel Galiläa), oder als allegorischer Ort (das Paradies, Ithaka, Bukolien). »The proper study of mankind is man«, fand noch Alexander Pope.

Nur durch diese Präferenz läßt sich verstehen, daß erst im 15. Jahrhundert die Zentralperspektive entdeckt wird, ohne die das menschliche Auge Land und Meer kaum als solche begreifen kann. Erst Masaccio und Giovanni Bellini malen die Landschaft in räumlicher Perspektive, und erst in ihrer Nachfolge entstehen überhaupt die ersten Landschaften ohne Menschen, nämlich bei Leonardo da Vinci, Albrecht Dürer, Albrecht Altdorfer.

»Der Mensch«, so ein Eigenzitat aus der Enzyklopädie gleichen Titels, »hat sich zunächst in seiner künstlerischen Auseinandersetzung auf die Erde an sich und auf sich selbst konzentriert. Der Schauplatz seiner physischen und psychischen Existenz, die unmittelbare Umgebung, in der sich sein Leben vollzieht, rückt erst ungemein spät«, und, wie hinzuzufügen wäre: zögernd, »in sein Blickfeld.«

»Wetter« gibt es in der Malerei recht eigentlich erst im 17. Jahrhundert. Man könnte die Holländer, Rembrandt unter ihnen, aber dann auch vor allem Adriaen van Ostade, Salomon van Ruysdael, Willem van de Velde – alle postum Lehrmeister des jungen Turner –, als die eigentlichen Entdecker des Wetters für die Kunst ansehen, denn Sturmwolken über der See, diesige Horizonte und verhangener Himmel sind bei ihnen definitive Elemente der Malerei. Aber auch sie malen Wetter niemals um des Wetters willen, sondern es bleibt bei ihnen Element der Topographie, mehr oder weniger dramatische Verbrämung, selten mehr als Effekt am Rande. Erst die Engländer, Richard Parkes Bonington, John Constable, vor allem aber ganz konsequent Turner, nehmen das Wetter an sich als alleiniges Bildthema. Keiner hat die Wetterlandschaft vor Turner gemalt, wie er sie gemalt hat, als scheinbar abstraktes Tohuwabohu aus Form, Farbe und Licht. Dies zur Verwunderung seiner Zeitgenossen, die so etwas anscheinend auch in der Natur noch nicht gesehen, also direkt übersehen hatten.

Später, bei den Impressionisten, erzählte man gern eine bezeichnende Anekdote. Da war alles zum Gegenteil ausgeschlagen. Die französischen Impressionisten malten, auf Turner basierend, nur noch den flüchtigen Augenblickseindruck der wechselhaften Atmosphäre, nur noch das Wetter. Ein junger Maler soll erregt von seinem Kaffeehausstuhl aufgesprungen und an seine Staffelei geeilt sein: »Meine Wolken kommen gleich!« Der Ausruf wäre nicht als derart komisch und überliefernswert erschienen, wenn es nicht vorher ungewöhnlich und geradezu vermessen gewesen wäre, so etwas Vergängliches wie Wolken und Lichteffekte am Himmel überhaupt zu beachten.

Eine Erklärung für das späte Auftauchen der Landschaft in der Kunst des Abendlandes und die Abneigung, das Wetter in die visuelle Verarbeitung der Umwelt einzubeziehen, hat noch niemand gegeben. Vom Wetter extrem abhängig sind die Menschen immer gewesen; führten doch bis ins 19. Jahrhundert Mißernten zu Hungerkatastrophen in fast allen europäischen Ländern. Was kann die gleichen Menschen bewogen haben, dieses Phänomen nicht ins Arsenal ihrer Kunst- und Weltauffassung einzubeziehen? Man kann nur mutmaßen. War es das Unbehagen einer Macht gegenüber, der man nicht weniger hilflos ausgeliefert schien als dem lieben Gott? Die Furcht vor jenem heimlichen Pantheismus, der sich fast von selbst einschleicht, wenn man mit einer menschenleeren Landschaft konfrontiert wird, sei es in der Wirklichkeit, sei es auf der Leinwand? Existentielle Furcht, sich verlieren zu können, in eine Flüchtigkeit der Erscheinungen, die zwangsläufig zur Erkenntnis der Flüchtigkeit der eigenen Erscheinung führen muß?

Auf jeden Fall traf die Menschen, in diesem Fall die kunstsinnigen, die Entdeckung des Wetters wie ein Schock. Als empfänden sie Wetter, Atmosphäre, reines Licht, was es ja alles in der sichtbaren Natur tatsächlich gibt, als etwas Unwirkliches, eine Unvollkommenheit der Schöpfung, haben sie, bis hin zu Fontane, sich beinahe manisch dagegen gewehrt und Turners Auflösungen der Umwelt, seine *Farbanfänge* als unvollkommen, nicht gelungen oder unvollendet hingestellt und wahrscheinlich auch empfunden. Der Schock muß tief gesessen haben. Die Provokation reicht mitunter bis in die Gegenwart. Es gibt ausgesprochene Turner-Freunde, die noch heute die Bilder des älteren Malers ablehnen.

Was immer der Grund für die späte, allzu späte Entdeckung des Wetters für die abendländische Kunst gewesen sein mag, sie hat diese Kunst von Grund auf verändert. Turner muß es da nicht anders ergangen sein als seinem Landsmann und ungefähren Zeitgenossen John Franklin, dem Polarforscher, dessen Biographie Sten Nadolny so eindrücklich in dem Roman *Die Entdekkung der Langsamkeit* beschrieben hat. Franklin war eine extreme Langsamkeit der Gedanken, Reaktionen, Bewegungen in die Wiege gelegt worden. Turner besaß einen siebten Sinn für die Visualität der Welt (er konnte noch nach Jahren eine Landschaft oder einen Menschen bis aufs Detail aus dem Gedächtnis skizzieren). Franklin erzwang aus seinem anscheinenden Unvermögen eine spezielle Begabung, wozu ihm die – bewußt gemachte, angeeignete und angewandte – Erfahrung verhalf. Eine ähnliche Erfahrung verhalf Turner zur Neuformulierung der Landschaft durch das Wetter, das in seinem Werk am Ende so weit in den Vordergrund rückte, daß er es selbst »nur noch sah wie ein Bild«.

Die Menschen erschraken. Warum? Daß es so etwas wie Wetter gab und gibt, dürften sie immer gewußt haben. Was ihnen Turner als Bild vor Augen hält, ist wohl doch tiefgreifender als Wind, Wellen, Dunst, Glast und Nebel. Seine Entdeckung des Wetters ist eine Entdeckung der Unbeständigkeit dieser Erde, die von den Menschen so selbstbewußt in Besitz genommen worden ist. Sie ist eine Entdeckung des steten Wechsels, dem alles unterworfen bleibt, der Unsicherheit jeglicher Existenz.

Das Zeitalter göttlicher Allmacht und der Wohlgeborgenheit des Menschen war damit zu Ende. Die »Temeraire« wurde zum Abwracken geschleppt. Und aus den von allen Elementen durchtosten Bildern entwickelte sich eine Malerei, die plötzlich unabhängig geworden war von den Konturen, die sie bis dahin bestimmt und bedrängt hatten. Eine Tat der Befreiung, wie sie immer eine gewisse Unsicherheit zurückläßt. Was soll geschehen in einer Welt, die unsicher ist und unbeständig, mit einer Malerei, die ihre natürlichen Grenzen überschreitet? Alles Neuland ist unbequem, verlangt eine neue Arbeitsweise, eine eigene Art von Disziplin.

Die Entdeckung des Wetters für die Kunst war, seltsamerweise, für diese – aber wahrscheinlich auch in erweiterter kulturhistorischer Hinsicht – eine Revolution. Nach ihr war nichts mehr so, wie es vorher war. Kein Wunder, daß sich die Menschen so lange davor gefürchtet haben, solches Neuland zu betreten. Man bleibt gern, wo man sich heimisch fühlt. Vor Turners späten Bildern findet man sich ausgesetzt. Kein sicheres Gestade ist mehr vorhanden. Nur Licht. Unsicherheit. Chaos, ganz als sei die Welt noch nicht geschaffen, noch nicht ganz zu Ende geschaffen.

Vollender, Verwandler

Wer die Welt ansieht, wie sie noch keiner vor ihm gesehen hat, und wer dies auch darstellen kann, verwandelt sie. Kunst heißt unter anderem auch Sichtweisen prägen. Sie werden von anderen aufgenommen und bleiben, unter Umständen, über Generationen hinweg erhalten als Möglichkeiten der Weltbetrachtung. Sie können die Einstellung der Menschen ihrer Umwelt gegenüber ganz allgemein verwandeln. Die Kunst rückt da zwar meist auf breiter Front vor, mit den geballten und vereinten Kräften von Philosophie, Literatur, Theater, Musik bis hin zu Gebrauchsgraphik und Kunstgewerbe, aber die Leistung eines einzelnen bleibt trotzdem bestehen. Verwandeln in diesem Sinne kann die Welt nur ein Genie.

Was ist ein Genie? Selbst zu Zeiten des Geniekults im 19. Jahrhundert war man vorsichtig mit dem Gebrauch dieses großen, allzu großen Worts. »Genie ist Fleiß«, hat Adolph von Menzel auf die Frage geantwortet. Die Deutschen haben seinen Ausspruch so oft zitiert (und zitieren ihn noch), daß man ihr offenes Einverständnis mit dieser etwas trockenen Weisheit voraussetzen kann.

Die andere pedantische Nation Europas, die britische, hat es anders, detaillierter ausgedrückt. Sie zitiert ihrerseits gern Joshua Reynolds, der der Auffassung war, Genie sei »gut angewandter Fleiß«. Da haben wir den Unterschied zwischen deutscher und britischer Wesensart in der Nußschale. Ist bei den Deutschen schon Fleiß eine Tugend, Fleiß um des Fleißes willen, so gehört nach englischer Ansicht die richtige, das heißt rationale Anwendung dazu, ein gewisses taktisches Talent im Umgang mit seinen Gaben. So etwas wie »Genieforschung« haben aber wohl nur – zeitweilig – die Deutschen betrieben. Am bekanntesten geworden ist auf diesem Gebiet Rudolf K. Goldschmit-Jentner. Er hatte später das Pech, zu Anfang des zweiten Weltkriegs ins Führerhauptquartier berufen zu werden, wo ausgerechnet er, der Halbjude, beweisen sollte, daß Adolf Hitler ein Genie sei.

In seinem einst viel gelesenen Buch *Begegnung mit dem Genius* unterscheidet Goldschmit-Jentner zwei Arten von Genies: die Vollender und die Verwandler. Etwas zu einem absoluten Höhepunkt voranzutreiben ist, ihm zufolge, genauso genial, wie etwas vollkommen Neues in die Welt zu setzen, was dann von anderen in ferner Zukunft zur Vollkommenheit vorangetrieben werden kann.

Das mag sehr einfach oder sogar vereinfachend gedacht sein. Aber selbst wenn man den Künstler längst nicht mehr als ein vereinzeltes, nur von sich selbst abhängiges schöpferisches Individuum betrachtet, kommt man doch nicht darum herum, daß auf dem Gebiet der Kunst vieles, fast alles von einem einzelnen abhängt. Er und kein anderer wird zum rechten Augenblick gebraucht, muß im rechten Augenblick auf den Plan treten. Eine Weile lastet tatsächlich die Fortentwicklung der Kunst ganz allein auf seinen Schultern.

Goldschmit-Jentner sah übrigens als allerhöchste Rangstufe des Genies noch eine dritte Kategorie, nämlich den schöpferischen Menschen, der etwas Ungeahntes erreicht, ohne es definitiv – wie Reynolds verlangt – angestrebt zu haben. Dem für sein Gefühl bedeutendsten aller abendländischen Genies, Christoph Kolumbus, widmete er ein eigenes Buch.

Auf Turner angewandt, treffen alle drei dieser inzwischen leicht verblaßten Kategorien zu. Er war ein Vollender, nämlich der Kunst des 18. Jahrhunderts. Er war ein Verwandler, davon haben wir im vorigen Kapitel schon manches angeschnitten. Er hat eines ganz sicher nicht angestrebt: eine grundsätzliche Öffnung der Malerei hin zum Impressionismus oder gar zur abstrakten Kunst des 20. Jahrhunderts. Aber er hat diese Öffnung geschaffen, zumindest vorbereitet.

Einzigartig ist die Zeitspanne, die er mit seinem Werk umfaßt.

Es handelt sich um drei Jahrhunderte, denn seine Anfänge reichen ins 18. Jahrhundert zurück, seine Auswirkungen noch ins 20. Jahrhundert hinein.

Er hat sich aber auch im Verlauf eines 76jährigen Lebens als extrem fleißig erwiesen, ganz wie Menzel es verlangt. Und er hat, getreu der Maxime seines Landsmanns Reynolds, darauf geachtet, seinen Fleiß gut und möglichst gewinnbringend anzuwenden. Er war außerordentlich ehrgeizig; aus vielen seiner Äußerungen und denen seiner Zeitgenossen geht hervor, daß er die Kunstgeschichte als einen großen Wettkampf auffaßte, der über alle Zeiten hinweg ausgetragen wird. Er hat manche Bilder gemalt, um ausdrücklich in eine Idealkonkurrenz zu alten Meistern, vor allem Claude Lorrain, zu treten. Mehr als das: Er scheint jeden, der schon vor ihm Bilder gemalt hatte, als ernsthafte und akute Konkurrenz betrachtet zu haben.

Der Fleiß hat sich jedoch auch auf einem Gebiet – ganz wörtlich – ausgezahlt, auf das Turner ebenfalls großen Wert legte. Turner wollte nicht nur Reputation, er wollte auch klingende Münze. Man hat seine Geldgier und seinen Geiz mit seiner Herkunft aus kleinen Verhältnissen erklärt, wohl nicht einmal zu Unrecht. »Wie anders hätte ich werden sollen«, lautet eines der wenigen von ihm überlieferten authentischen Zitate. »Ich wurde von meinem Vater nur gelobt, wenn ich einen Farthing sparte.« Ein Farthing, ein viertel Penny, bedeutete schon damals eine extrem kleine Summe.

Hat nicht aber Turner vielleicht auch geahnt, daß er ein Vermögen nötig haben würde, um eben jenen ganz eigenständigen Weg gehen zu können, der vom Vollender zum Verwandler führte, weit weg vom Geschmack der Massen, selbst der Kenner und Freunde? Daß ihn so etwas wie eine Kolumbus-Tat im übertragenen Sinn statt nach Indien ins unentdeckte Amerika verschlagen würde? Turner wäre im Alter als Bettler geendet, wenn er nicht in jungen Jahren ein Vermögen erworben hätte. Man kann es auch so sagen: Der Vollender hat den Verwandler finanziert. Denn das verwandelnde Element setzt früh ein in seiner Kunst. Und der Vollender mit seinen Rückgriffen ins traute – und von den Sammlern vielbegehrte – 18. Jahrhundert ist keinesfalls gestorben, als schon jene Bilder entstehen, die hellseherisch und konsequent die kommende Entwicklung der Malerei vorwegnehmen.

Mir ist das nie klarer geworden als im Print Room des British Museum, in dem ich die Skizzenbücher des großen Malers, die zum Glück fast alle erhalten sind (nur leider die Skizzen für das *Temeraire*-Bild nicht), studieren, durchblättern, durchforschen, wenn auch nicht zur Hand nehmen durfte. Dafür erhält man, zur Vermeidung auch nur der Möglichkeit von Flecken, ein ziemlich unhandliches Plastikbesteck.

Ich war auf der Suche nach dem Umbruch, dem Umkippen des Talents vom Vollender zum Verwandler, vom 18. ins 20. Jahrhundert. Und fand bestätigt, was ich geahnt hatte, daß es nämlich einen plötzlichen Umbruch nicht gab, nicht gibt und auch wohl nicht geben kann. Der Genius funktioniert nun einmal nicht nach der banalen Vorstellung höherer Eingebung. Ludwig van Beethoven wird das Motiv zur *Fünften* nicht auf einem Spaziergang überraschend eingefallen sein; er wird es hart erarbeitet haben. Turner ist nicht eines Abends als Nachidylliker ins Bett gegangen und am Morgen als Impressionist oder Vorimpressionist aufgewacht. Der Umbruch war latent schon früh in ihm vorhanden, fast von Anfang an, wie sich aus den Notationen in seinen Skizzenbüchern ergibt.

Das steht in Zusammenhang mit einem anderen Irrtum, dem man leicht verfällt. Kunst, dies die vorherrschende Meinung selbst bei einem Großteil des Kunstpublikums, kommt aus der Natur. Aber das ist falsch oder, besser gesagt: nur halb-, nur viertelwahr. Kunst kommt in fast allen Fällen aus Kunst, das heißt von bereits verarbeiteter, vorgeordneter, von Künstlern gesichteter Natur (oder Unnatur). Selten hat sich das so deutlich niedergeschlagen wie im Werdegang des jungen Turner. Er lernte von vorangegangenen Malern, weniger übrigens von den direkten Lehrern als von »Klassikern«, die er kopierte. Von ihnen lernte er nicht nur das Handwerk, er übernahm auch am Anfang deren Sichtweisen, ihre Einordnung natürlicher Phänomene in die Zeichnung, das Blatt, das Bild. Nicht die Natur war ihm Vorbild für seine frühen Landschaften, sondern die Natur, wie sie Lorrain und mancher andere, vor allem aber Lorrain, zu Bildvorstellungen verarbeitet hat.

Auch hier nimmt Turner allerdings eine eigenwillige und sehr unabhängige Mittel- oder Mittlerstellung ein. Nur den ganz Eigenständigen – neben und nach Turner allein Paul Cézanne – kann es gelingen, sich von derartigen unbedingt notwendigen Vorbildern wieder frei zu machen und durch exakte Beobachtung der Natur diese gewissermaßen unmittelbar in die Kunst zurückzuholen. Turner bietet zugleich den Gegenbeweis zur vorher konstatierten Kunst-aus-Kunst-These, daß nämlich Kunst von Zeit zu Zeit doch wieder aus der Natur destilliert werden kann und wahrscheinlich sogar muß. Da in der Kunst diametrale Gegensätze an der Tagesordnung sind, es ohne solche Paradoxien Kunst vermutlich überhaupt nicht gäbe, widerlegt das eine keineswegs das andere. Der Wiedereinbezug der sichtbaren Welt kann wie eine Auffrischung wirken. Aber nur dem Genie kann sie gelingen. Das Wort sei noch einmal, mit allen leisen Vorbehalten, die ihm anhaften, angebracht.

Irgendwann einmal hat Turner mit seinen *Colour Beginnings* angefangen. Selbst anhand seiner Skizzenbücher kann man, wie gesagt, nicht definieren, wann. Alexander Joseph Finberg, sein zweiter großer Biograph, hat sie *Farbanfänge* getauft, weil es für sie keinen Präzedenzfall in der Kunstgeschichte gibt. Die ersten *Farbanfänge* datiert er auf das Jahr 1820 und führt sie auf den Einfluß des italienischen Lichts zurück; Turner hatte eben 1819 seine erste Reise durch Italien unternommen. Seine Skizzenbücher zeigen tatsächlich in der Hauptsache Farbzusammenstellungen und Lichteffekte. Figuren und Gegenstände finden sich nur in Andeutungen.

Aber das ist bei Turner nichts Neues. Wenn ihm nicht die Konturen, sondern die Farbverhältnisse wichtig schienen, hat er diese auch schon vorher mit seiner krakelig-flüchtigen Schrift festzuhalten versucht. Zunächst, indem er die Farbwerte hinschrieb, dann mit Kürzeln oder Zeichen, die er für sich selbst entwickelt hatte. Skizzen entstanden bei ihm immer sehr eilig. Ausgeführt wurden Zeichnungen und Bilder dann im Atelier, wobei er selbst bekannte Landschaften sehr frei umsetzte.

Auch in solchen sorgfältig ausgeführten und frei umgesetzten Bildern finden sich jedoch *Farbanfänge* weit vor der ersten italienischen Reise. Finberg war ein überaus aufmerksamer Betrachter. Seiner Sorgfalt entging so leicht kein Detail (eher dann schon das große Ganze). So kannte er die beiden großformatigen Ölbilder *Lawine in Graubünden* von 1810 und *Hannibal überquert die Alpen* von 1812 doch ganz genau. In ihnen zeichnet sich bereits ein deutlicher Hang zur totalen Abstraktion mittels der Darstellung ungewöhnlicher Wetterverhältnisse ab.

Beide sind sie überdies nicht aus der italienischen oder Schweizer Natur übernommen, sondern aus der englischen. Einheimische Landschaftseindrücke lassen sich damals überhaupt nur in fremder, möglichst klassischer Verbrämung darstellen.

Der mächtige Schneesturm zum Beispiel, der nahezu die gesamte gewaltige Leinwand des *Hannibal*-Bilds bedeckt, indes die Karthager ganz unten am Bildrand eine eher bescheidene Statistenrolle spielen, stammt keineswegs aus den Alpen. Turner hat ihn zwei Jahre zuvor in Yorkshire beobachtet, als Gast bei seinem Gönner Walter Fawkes in Farnley Hall. Da ist, noch mitten in Vollenderzeiten, schon alles da, was den Verwandler einst ausmachen soll. Eine Naturkatastrophe führt zu einer bewegt-abstrakten Komposition aus reinem Licht und reiner Dunkelheit. Wolkenballung, explodierender Regen, Sturm, Hagel sowie, gleichsam als einrahmende Kulisse, Felsgestein sind »gegenständlich« nur noch in dem Sinne, daß es derartige Wetterphänomene tatsächlich gibt. Malerisch hat Turner sie bereits aufgelöst. Selbst die – für das Bild belanglosen – karthagischen Soldaten zeigen kaum Konturen. Nicht, wie bisher, aus der Zeichnung, sondern aus der Farbe, aus dem wohlabgestuften oder schroff einander entgegengesetzten – wie »hingehauen« wirkenden – heftigen Pinselstrichen entwickelt sich das Bild. Strenggenommen: unmittelbar aus dem Wetter.

Wer beide Bilder aufmerksam untersucht, wird in ihnen auch bereits Spuren von Turners unkonventioneller Malmethode finden. Das Weiß der Lawine erscheint gemildert und durchbrochen weniger durch beigemengte Farbpigmente als durch Kratzen, Schaben, Ritzen, wozu Turner Spachtel, Pinselstiel, auch seine »Adlerklaue von Daumennagel« benutzte, wie es sein erster Biograph, Walter Thornbury, ausgedrückt hat. Derartige Angriffe auf die Bildoberfläche finden sich schon früh auf fast allen Bildern. Der Maler kaschierte sie nicht nachträglich, wie es seine Zeitgenossen zu tun pflegten. Er ließ sie offen stehen. Malerei war für ihn Malerei, kein Akt der täuschenden Naturnachahmung. Auch damit griff er seiner Zeit weit voraus. Das Offenlegen malerischer Vorgänge gehört erst im 20. Jahrhundert zu den üblichen Kunstmitteln. Es abstrahiert ein Bild von seinem Inhalt, lenkt Auge und Bewußtsein des Betrachters definitiv auf die Tatsache, daß ein Stück Malerei vornehmlich Malerei bleibt, auch wenn es natürliche Formen wiedergibt.

Das muß Malern zwar immer bekannt gewesen sein, nicht jedoch grundsätzlich ihren Auftraggebern. Dem reinen Handwerk entwachsen, hatte sich das Selbstbewußtsein der Künstler inzwischen so weit gefestigt, daß sie diesen Standpunkt auch vor aller Öffentlichkeit einnehmen konnten. Zumindest in England dürfte Turner einer der ersten gewesen sein, die auf ihr Künstlertum pochten – und es sich auch, den reinen Illustratoren und Porträtisten gegenüber, bezahlen ließen. Er wußte, mit anderen Worten, was er wert war, und glaubte, mit Recht, es nicht mehr nötig zu haben, seine Technik kaschieren zu müssen. Wenn ihm mit dem Daumennagel ein Effekt gelungen war, mochten die künftigen Besitzer stolz auf den Abdruck eines Daumennagels von Turner sein. Er, der sich selten oder nie beim Malen zusehen ließ, machte doch kein Hehl aus der mitunter nach damaligen Begriffen ungewöhnlichen oder sogar ungehörigen Art und Weise seiner Kunstgriffe.

Was die *Colour Beginnings* betrifft, so waren sie aber wohl nicht dazu bestimmt, öffentlich gezeigt zu werden. Obwohl auch seine Bilder am Ende von ihnen beeinflußt waren (und in der Öffentlichkeit Spott und Entsetzen erregten), hielt er sie verschlossen und fast geheim. Turner hielt überhaupt, auch darin äußerst selbstbewußt, schon in ganz jungen Jahren das Malen für seine höchst eigene Privatsache. Und wie er sich auch bei intimen Verrichtungen nicht hätte zusehen lassen, ließ er sich nicht beim Malen beobachten. Da machte er allerdings eine – im übrigen schon damals aus diesem Grunde viel beachtete – Ausnahme. Zu den sogenannten »Varnishing Nights« vor jeder Akademieausstellung erschien er sehr wohl, bewaffnet mit Pinsel, Farben, Palette und Leiter. Die »Firnisabende« sollten ursprünglich zum Firnissen der Gemälde dienen, ehe die jährliche Ausstellung begann. Es hatte sich jedoch eingebürgert, daß an solchen Abenden vor der Vernissage – die sich bald auf den ganzen Tag vor der Eröffnung ausdehnten – auch an den Bildern noch Korrekturen vorgenommen werden durften. Da war dann bald ein Wettstreit im Gange, mit den Bildern, die in der Nachbarschaft hingen. Turner versuchte verbissen, diese durch nachträgliche Einstimmung auf Farbigkeit und Komposition zu übertrumpfen. Einmal beklagte sich John Constable über eine knallrote Schiffsboje, die Turner seinem Bild beigefügt hatte: »Turner war hier und hat einen Kanonenschuß abgefeuert.«

Mißtrauisch, wie er war und blieb, ging Turner am Ende sogar dazu über, seine Bilder halbfertig in die Akademie zu bringen und sie mit eifersüchtigen Blicken nach rechts und links auf die Umgebung an Ort und Stelle zu Ende zu malen. Einen doppelten, gespaltenen Turner gab es also nicht nur im Hinblick auf sein frühes und spätes Werk, sondern auch hinsichtlich seiner Öffentlichkeitsliebe. Beschränkt auf den Kollegenkreis ließ er eine gewisse Öffentlichkeit – wenn auch nur widerwillig – an den Abenden oder Tagen vor den Vernissagen notgedrungen zu. Ansonsten malte er im stillen Kämmerlein, sehr verborgen, was viele Zeitgenossen auf den Gedanken kommen ließ, er habe etwas zu verbergen.

Das hatte er wohl auch, die *Farbanfänge* nämlich. Ruskin, der sie im Nachlaß vorfand, definierte sie als »Übungen für die Palette«. Zum Glück hat er sie nicht zerstört wie jene Skizzen, die er für »pornographisch« hielt und dem Andenken des großen Malers nicht zuträglich. Wir würden sie, wie die wenigen erhaltenen Beispiele beweisen, wohl eher als erotisch einstufen und wären froh, auch diese Seite Turners einbeziehen zu können in sein Gesamtwerk.

Das können wir, glücklicherweise, bei den schon fast abstrakten *Colour Beginnings*. Oder vielmehr: wir können es ebenfalls nicht. Sie sind zwar vorhanden, und man kann sie mit Plastikbesteck im British Museum sogar zur Hand nehmen. Aber sie verraten nicht, wann die Wandlung erfolgt sein mag. Thornburys, Ruskins und Finbergs Datierungen, auf 1820, 1824, 1828 gesetzt und stets mit der Italienreise 1819 in Zusammenhang gebracht, scheinen mir nach dem Studium der Originale willkürlich oder, anders ausgedrückt, allzu passend zurechtgeschneidert. Denn *Farbanfänge* gibt es in den schwarzweißen Skizzenbüchern schon viel früher, in Form jener Kürzel, von denen bereits die Rede war.

Um rascher arbeiten zu können, gab Turner seine Angewohnheit, neben Skizzen- und Aquarellblock auch einen Tuschkasten mitzuführen, bald auf. Nach seiner Fußwanderung durch Südengland bis nach Cornwall griff er nur noch selten vor der Natur zur Farbe (wie am 16. Oktober 1834, als er am Themseufer den Brand des Parlaments in neun Aquarellskizzen festhielt, den impulsivsten und vielleicht schönsten, die es von ihm gibt, weit eindringlicher als die beiden Ölbilder, die er später davon malte).

Seine Methode war die folgende: Turner warf mit dem Bleistift die Umrisse seines Motivs auf das Papier und notierte die Farben, indem er sie, exakt mit allen Übergängen, in die Umrisse hineinschrieb. Er verwendete dabei bald, besonders für die Abstufungen, eine Art von Geheimschrift, die selbst Finberg nicht immer hat entziffern können. Da gibt es dann auch Blätter, auf denen die Konturen völlig fehlen und nur noch die Farben notiert erscheinen.

Es kann gut sein, daß den Maler beim Betrachten solcher Notizen gereizt hat, nun auch die jeweiligen Farben konturenlos auf ein Aquarellblatt zu setzen. Das mag man als Vermutung abtun, aber sie liegt nahe. Viele *Colour Beginnings* sind ganz gewiß keine »Palettenübungen«, dazu enthalten sie zu viele deutliche Assoziationen an Landschaft und Natur. Sollte nicht der – allmähliche – Übergang von der Kontur zur Auflösung, vom Nachklang zum Vorgriff, vom Vollender zum Verwandler von Turners Technik der Naturaufzeichnung und ihrer späteren Verarbeitung herrühren? Aus der Erkenntnis, daß man die sichtbare Welt auch ohne Umrisse, sozusagen atmosphärisch, als reines Licht- oder Farbereignis sehen kann? Die Skizze war ja schon so etwas wie eine abstrakte Partitur. Diese tatsächlich so knapp, wie sie skizziert war, als Quintessenz auszuführen kann nur ein kurzer, dazu konsequenter Schritt gewesen sein. Vor allem für einen Maler, der Experimenten zugeneigt war, den Verbesserungen ebenso reizten wie bloße Veränderungen.

Kunst, sagten wir, kommt aus Kunst sowie aus ergänzender Beobachtung der Natur. Es ist wiederum durchaus möglich, daß Turners Weltauflösung in Licht und Farbe aus seiner Skizzier- und Malmethode stammt. Daß sie quasi aus Kunst entstanden und dann erst, wie so oft, in der Natur gesehen worden ist. Es war Turner, wie uns schon sein Frühwerk verrät, bekannt, daß Lawinen, Schneestürme, daß atmosphärische Veränderungen eine eigene Natur hervorrufen, eine zwar flüchtige, aber trotzdem vorhandene. Selbst in seinen topographischen Skizzen war diese nun plötzlich latent vorhanden. Die zwischen Farbbezeichnungen schwebenden Felsen, Häuser, Bäume und Gegenstände mußten, übertrug man die Skizzen auf ein Aquarellblatt, wie im Nebel aussehen, einem Phänomen des Wetters, das Turner im übrigen schon beim Kopieren von Landschaften John Robert Cozens' kennengelernt, geradezu erlernt hatte.

Ein doppelter Weg? Der Maler hat Stunden damit verbringen können, an der Themse dem »abstrakten« Spiel von Licht und Wellen zuzusehen. Er hatte in der Skizzierung so etwas wie eine Reduzierung der Landschaft nicht auf ihr Gerüst – wie später Cézanne –, wohl aber auf ihr Atmosphärisches erreicht. Theorie und Praxis, Augenschein und malerische Technik gehen meist Hand in Hand.

Ich weiß nicht, ob es so gewesen ist. Aber ich glaube es.

Auf jeden Fall ging der »Bruch« im Werk Turners langsam vonstatten, mit ungewissen Übergängen und ständigen Rückfällen (auch Vorgriffen). Lassen wir ihm sein Geheimnis. Er hat für uns die Wahrnehmung der sichtbaren Welt verändert.

Die englische Großwetterlage

Es lebt keiner außerhalb seiner Zeit, auch das Genie nicht. Der Künstler ist ihr ganz besonders unterworfen. Er findet eine bestimmte kulturhistorische Situation vor, die günstig für sein bestimmtes Talent sein kann – oder ungünstig. Er muß sich auf sie einstellen, durch Angleichung oder, eventuell, Opposition, zumindest am Anfang seiner Laufbahn.

Was den Entdecker des Wetters betrifft – wie sah die Zeit aus, in die er hineingeboren wurde, im übertragenen Sinne: die Großwetterlage über England am Ausgang des 18. und Beginn des 19. Jahrhunderts?

Die Engländer haben diese Epoche nach den vier Königen aus dem Hause Hannover benannt, die nacheinander regierten und alle Georg hießen. Es war eine Zeit allgemeiner Expansion, geprägt von wirtschaftlicher Prosperität und erstarkendem Bürgertum. Die Ratio der Aufklärung bestimmt das Denken. In England werden jene Erfindungen gemacht, die das Industriezeitalter eröffnen. Eine Zeit der Ingenieure: Das Land wandelt sich vom Agrarstaat zum Industriestaat. Das wirft neue Probleme auf, die aber mit viel Optimismus angepackt werden. Agrarische Zulieferer (und Lieferanten für Rohstoffe) werden die eroberten Kolonien. Britannien wird endgültig zum Weltreich. Ein Zeitalter für Aufsteiger.

Zur Zeit der Geburt Turners befand sich bereits der dritte Georg auf dem Thron. Der Maler erlebte auch noch den moralischen Niedergang der Monarchie unter Georg IV. sowie ihren Wiederaufstieg unter Wilhelm IV. und der jungen Königin Viktoria, die immerhin schon 14 Jahre an der Regierung war, als

Turner starb. Trotzdem war er ein Kind des georgianischen Zeitalters, das seine Persönlichkeit geprägt hat.

Die vier hannoverschen Georgs auf dem englischen Königsthron waren alles andere als überragende Erscheinungen. In zeitgenössischen Äußerungen trifft man immer wieder auf das englische Äquivalent für Holzkopf, »blockhead«, und die Nachwelt hat fast noch schlechter über sie gesprochen. Das lag aber wohl nicht zuletzt an einer gewissen Prüderie, die sich unter der langjährigen Regentschaft Viktorias durchsetzte und die sich, in gewissen Grenzen, bis heute in England erhalten hat. Erst in jüngster Zeit scheinen sich die Historiker durchgerungen zu haben, den moralisch ganz gewiß anzweifelbaren Georgs eine gerechtere Würdigung zuteil werden zu lassen.

Denn im großen und ganzen ist Großbritannien mit ihnen so schlecht nicht einmal gefahren. Gewiß, sie trieben eine ungeschickte, labile Politik, weil sie entweder – eine merkwürdige gemeinsame Eigenart – den falschen Ratgebern vertrauten, dadurch der jeweiligen Opposition Tür und Tor öffnend, oder durch hannoversche Angelegenheiten abgelenkt waren. Auch eine weitere merkwürdige gemeinsame Eigenart trug nicht eben zu ihrer Popularität bei. Sie verfolgten den jeweiligen Nachfolger, und sei es der eigene Sohn, mit nahezu manischem Haß. Die englische Monarchie war selten unbeliebter als unter den vier Georgs.

Trotzdem war sie nie gefährdet. Die vier Georgs hatten ihre guten Seiten. Sie waren kunstsinnig. London erhielt im Regency, als Georg III. wegen Geisteskrankheit entmündigt worden war und sein Sohn, der spätere Georg IV., die Regentschaft übernommen hatte, sein klassizistisches Prachtgesicht. Selbst ernsthafte Krisen – Georg III. verlor unter tatkräftiger Mitarbeit seines Hauptberaters, Lord Frederick North, die einträglichen nordamerikanischen Kolonien – konnten die georgianische Monarchie zwar erschüttern, nicht jedoch zum Einsturz bringen.

Das lag vor allem an der Wirtschaftslage. Es mag übertrieben sein, sie als stabil zu bezeichnen, sie schwankte hin und her wie die Politik der ungeschickten Könige. Aber durch eine Verkettung glücklicher Umstände ging es den Menschen in Großbritannien weit besser als denen anderswo, wohin man auch sah. Dafür hatte, schon unter den ersten beiden Georgs, der dicke, gemütliche, selbstsüchtige Robert Walpole gesorgt, der erste britische Premierminister nach heutigem Maß, eine Art von Falstaff an der Regierung. Seine politischen Maximen waren einfach. Sie lauteten: Vermeidung von Kriegen, kräftige Förderung der Handelsbeziehungen, kontinuierliche Senkung der Steuern und ansonsten keine Experimente. Damit schuf er die Voraussetzungen für eine Blüte des Überseehandels, die Großbritannien mächtig und wohlhabend machen sollte. London wurde zum Haupthandelsplatz der Welt. Der Londoner Hafen glich bald einem Mastenwald.

Noch mächtiger und wohlhabender wurde Großbritannien dann, als der alte Pazifist Walpole von dem aggressiv-fanatischen William Pitt dem Älteren – zumindest zeitweilig – abgelöst wurde. Er, ein ständig lodernder und gefährdeter Feuerkopf, griff zu einem günstigen Zeitpunkt und ungemein erfolgreich in die europäischen Kriege ein, aus denen Walpole England so gut wie herausgehalten hatte. Das bisher überlegene Frankreich wurde entmachtet, die Grundlagen für ein britisches Empire gelegt. Pazifist und Aggressor, so erwies sich, hatten zum Wohle der Nation einander in die Hände gearbeitet.

Mochte der Reichtum auch nur eine bestimmte Schicht erreichen, so schlug er doch unvermeidlich auf die Massen zurück. Reichtum war seit jeher auf Dienstleistung angewiesen. Während auf dem Kontinent nach schlechten Ernten oder in wirtschaftlich mißlichen Zeiten noch buchstäblich Menschen verhungern mußten, gab es in Großbritannien zwar Arme, die ihr Leben nur kärglich fristeten, aber kein derartiges Hungerelend mehr wie zum Beispiel in Preußen, als 1844 die schlesischen Weber rebellierten. Die Zeiten einer Massenverelendung, in deutschen Landen verschämt und beschönigend »Pauperismus« genannt, waren für England vorbei. Ausnehmen muß man da nur ausgerechnet das Regency, das Jahrzehnt zwischen 1820 und 1830, das so prachtvolle Kunstzeugnisse seiner Existenz hinterlassen hat. Doch auch in diesem Jahrzehnt blieb das Elend im Verhältnis zum Kontinent relativ.

Es gibt da einen preußischen Kronzeugen, Hermann Fürst von Pückler aus Muskau in der Lausitz. 1828 schreibt er an seine Frau Lucie, eine Tochter des ehemaligen preußischen Staatskanzlers Karl August Fürst von Hardenberg:

»Ich glaube, ich schrieb dir schon einmal von Birmingham, daß, als ich eben dort war, die Londoner Oppositionsblätter von einer in Birmingham herrschenden Hungersnot unter den Fabrikarbeitern berichteten. Diese bestand in Wirklichkeit darin, daß die Leute, statt drei oder vier Mahlzeiten mit Tee, kaltem Fleisch, Butterbrot, Beefsteaks oder Braten, sich nun eine Weile mit einer oder zwei und bloß mit Fleisch und Kartoffeln begnügen mußten. Es war aber zugleich Erntezeit und der Mangel an Arbeitern hierbei so groß, daß fast jeder Preis dafür bezahlt wurde. Dessenungeachtet versicherte man mir, die Fabrikarbeiter würden eher alle Maschinen demolieren, ja wirklich Hungers sterben, ehe sie sich entschlössen, eine Sense in die Hand zu nehmen oder Garben zu binden.«

Zur gleichen Zeit, da Großbritannien zunächst pazifistisch, dann imperialistisch ein Welthandelsreich aufbaut, entwickelt sich im Inneren die industrielle Fertigung von Gebrauchs- und Luxusgütern in einem für andere Länder unvorstellbaren Ausmaß. Sie verändert das Leben und die Ansprüche, die Einstellung aller Bevölkerungsschichten zu Arbeit und Geld, sowie den gesellschaftlichen Status der oberen Klassen. Zwar beklagt Pückler in Birmingham, daß er sich bei der Besichtigung industrieller Anlagen »in abscheulichen, schmutzigen und stinkenden Löchern« aufhalten muß, aber er bewundert zugleich »eine Menge neuer und angenehmer Erfindungen des Luxus«, die dort entstehen – »und widerstand auch nicht ganz der Kauflust, die hier so viel Nahrung findet«.

Man darf sich die georgianischen Zeiten, ihrer Architektur und Kunst zum Trotz, nicht als idyllisch oder schönheitstrunken vorstellen. Die Sitten sind rauh, auch im hohen Adel und bei Hofe. Alle großen Städte ertrinken nahezu im Unrat. Gewalttätigkeit und Alkoholmißbrauch gehören besonders bei den unteren Klassen zur Tagesordnung. William Hogarth, der das wüste Leben so eindringlich in seinen Stichen festgehalten hat, hat nicht übertrieben. Die »feine englische Art« der Rücksichtnahme und Zurückhaltung begann eben erst als Ideal in den Köpfen einiger weniger Moralisten aufzutauchen. Sitten und Gebräuche – Fuchsjagden beim Adel, Hahnenkämpfe beim niederen Volk – sind roh und grausam. Aber es herrscht ein unbeugsamer Glaube an den Sieg der Vernunft. Hunderte von Organisationen, Fortbildungsvereinen, mehr oder weniger frommen Stiftungen sorgen sich um das Wohl der Minderbemittelten und versuchen, den Menschen insgesamt bessere Umgangsformen beizubringen. Das Essen ist reichhaltig und einigermaßen billig (das Trinken auch). Die Menschen, so ungebärdig sie sind und soviel Zank und Streit es zwischen den beiden großen Parteien (oder Interessengruppen), den Whigs und den Tories, gibt, leben weitgehend zufrieden. Wut und Empörung gibt es genug, kann sich aber Luft machen in Satire und Karikatur; beide sind nie zuvor und niemals nachher schärfer und verletzender gewesen als im georgianischen Großbritannien. Eine Zeit der Widersprüche. Aber die Widersprüche gleichen Waagschalen. Sie loten einander aus.

Der durch Welthandel und, nicht zu vergessen, Eroberungen gewonnene Reichtum schlägt sich durch kluge Steuerpolitik auch in den traditionellen Wirtschafts- und Landwirtschaftszweigen nieder. Es gibt keine absteigende Bevölkerungsschicht, Hauptpotential von Unzufriedenheit und Revolte. Nehmen wir etwa Fawkes, Turners Freund und Förderer. Er bezieht 1791 rund 13000 Pfund Sterling von seinen Gütern in Yorkshire. 1824 sind es – ohne weitere Investitionen oder Vergrößerungen des Besitzes – schon 34000. Die Reichen werden zusehends reicher und entdecken nicht nur die Wonnen des Müßiggangs auf ausgedehnten Reisen, die das Prestige fördern, sondern auch die des Besitzes schöner und edler Dinge, die das Prestige noch mehr heben.

Damals entstehen beim Landadel in fast allen Grafschaften jene Sammlungen, von denen Europa bald mit Bewunderung spricht und sie aufsucht. Karl Friedrich Schinkel und Peter Beuth studieren sie 1826 für die Berliner Museumsplanungen (allerdings auch, um nebenher gleich etwas Industriespionage zu betreiben). Der spätere Generaldirektor der Berliner Museen, Gustav Friedrich Waagen, wird durch ein Buch über die Privatsammlungen in England international bekannt.

Wie nicht anders zu erwarten, ziehen bald auch die bürgerlichen Kreise, die zu Geld gekommen sind, die Handels- und Seeschiffahrtsherren, Im- und Exporteure, die Kaufleute nach. Sie gelangen – und sei es im Verlaufe einer oder mehrerer Generationen durch taktisch geschickte Heirat – in die bessere Gesellschaft, in die politisch einflußreichen Zirkel und in die teuren Clubs. Wenn sie in die letzteren nicht hineinkommen, gründen sie neue, oft ebenso angesehene. Bald haben die »Emporkömmlinge« und »Neureichen« fast bessere Umgangsformen als der Adel. Mag man sie noch so sehr durch den Kakao der ätzenden Witzzeichnungen jener Tage ziehen, sie treten ihre Reisen auf den Kontinent an, nach Frankreich, Italien, in die Schweiz, nach Deutschland an den Rhein, wo sie als Urbild des Touristen erscheinen, belächelt, verspottet, ausgenutzt und heiß begehrt. Heimgeführt im Gepäck werden reichlich aufgekaufte Kunstwerke – antike, klassische, aber auch nach damaligen Begriffen moderne. Denn woran es zunächst mangelt oder zu mangeln scheint, sind englische Künstler, die dem neuen Schmuck- und Prestigebedürfnis ihrer Landsleute entgegenkommen würden. Kein Mangel herrscht an Karikaturisten und an Kunsthandwerkern – das Praktische hat in Großbritannien stets Vorrang genossen. Erstere lassen, zum Kummer von Hof, Adel und Neureichen, aber zur Freude des Volkes, die Übel der Zeit riesengroß in ihren Brenn- und Zerrspiegeln erscheinen (Übel, die sie dadurch vermindern helfen). Letztere setzen, wie zum Beispiel Josiah Wedgwood in der Keramik, auf ihren jeweiligen Gebieten durch Verwendung neuer Technologien neue, zum Teil auch stilistische Maßstäbe. Ansonsten traut man sich ästhetisch jedoch nicht viel zu. Wer baut, baut im Stil von Andrea Palladio, der durch solche Nachäfferei mit 200jähriger Verspätung postum fast zum englischen Baumeister wird. Wer Bilder kauft, kauft Italiener oder Franzosen.

Geradezu vernarrt sind die georgianischen Briten in Lorrain. Lorrain, in England seit jeher vertraulich beim Vornamen genannt, Claude, wird zum Lieblingsmaler hauptsächlich des englischen Landadels, obwohl auch er schon 1682 im fernen Rom verstorben ist. Von englischen Malern läßt man sich bestenfalls porträtieren, weshalb auch die bedeutendsten englischen Maler der Zeit wie Thomas Gainsborough, Thomas Lawrence oder Joshua Reynolds hauptsächlich als Porträtisten gearbeitet haben. Gainsborough zum Beispiel unterhält 15 Jahre lang in Bath, direkt gegenüber dem Pump-room, ein Atelier. Dort kurt, was Rang und Namen (oder Geld) hat und läßt sich von »Beau« Nash, dem eleganten und strengen Zuchtmeister, in die feine Lebens- und Umgangsart einführen. Gainsborough muß sich seine Kundschaft direkt auf der Straße, vor dem Pump-room, in dem der Brunnen getrunken wird, einfangen.

Den Georgs sind aus Hannover überdies eine Reihe nicht einmal unbedeutender Künstler nach England gefolgt. Unter ihnen befindet sich Philipp Jakob (später Philip James) de Loutherbourg aus Fulda, der sich als Bühnenbildner David Garricks und Erfinder der – später auch von Schinkel in Berlin hergestellten – bühnenhaften Panoramenbilder rasch in London durchsetzt. Loutherbourg wird auch ein Vorbereiter der speziell englischen Landschaftsdarstellung. Er hat sein Leben lang seine Verwunderung darüber zum Ausdruck gebracht, daß es alle englischen Maler nach Frankreich, Italien und an den deutschen Rhein drängt, während es doch in Großbritannien beinahe noch schönere, abwechslungsreichere und eindrucksvollere Landschaften gibt als dort. Eine Meinung, die der bereits erwähnte Fürst Pückler teilt, nicht jedoch der englische Landadel und das ihm nacheifernde Großbürgertum. Englische Kunst gilt nichts im eigenen Lande. Und die Landschaft als solche ebensowenig.

So kann auch Turner seinen künstlerischen Ausgangspunkt bei niemand anderem als Claude Lorrain finden. Ihn verehrt der junge Engländer tatsächlich und eifert ihm nach, ohne ihn zu kopieren. Er versucht, ihn zu übertrumpfen, mit den eigenen Mitteln zu schlagen. Auf kein Bild ist der jüngere Turner stolzer gewesen als auf seine *Dido erbaut Karthago*, 1815 gemalt, mit der er – auch nach Meinung seiner Zeitgenossen – zum erstenmal

Claude erreichte und, womöglich, übertraf. Kein Ankauf ehrte ihn mehr als der seiner *Fünften ägyptischen Plage*. Der reiche Exzentriker William Beckford, Verfasser des Schauerromans *Vathek*, erwarb es im Jahre 1800 in der Royal Academy von dem noch nicht 25jährigen Maler. Die 150 Guineas, die Turner bekam, werden ihn gefreut haben, mehr aber noch die Tatsache, daß Beckford das Bild auf seinem Sitz Fonthill als Gegenstück zu gleich zwei Claudes aufhängen wollte. Das Gemälde, eines der ersten mit erregter und starkfarbiger Wolkenlandschaft, befindet sich heute im Indianapolis Museum und stellt übrigens – Turners Bibelkenntnisse waren, im Gegensatz zu seiner klassischen Bildung, mangelhaft – nicht die fünfte Plage (Pest) dar, sondern die siebte (Hagel und Feuer).

Gegenstücke, die man von jungen heimischen Malern zu alten Meistern herstellen läßt, deren stolzer Besitzer man ist, sind ein erstes Zeichen erstarkten englischen Selbstbewußtseins. Der Beckford-Erwerb veranlaßt den Herzog von Bridgewater, gleich darauf bei Turner ein Gegenstück zu zwei Willem van de Veldes des Jüngeren zu bestellen.

Der Geschmack wandelt sich. Ist man zunächst noch erstaunt, daß es Landsleuten gelingen kann, auf dem Gebiet der Landschaftsmalerei den hochgeschätzten Italienern und Franzosen Paroli zu bieten, verlangt man bald darauf von ihnen nun auch britische Landschaften. Maler wie Alexander Cozens und besonders Richard Wilson sind dem bereits weit entgegengekommen, aber der Stolz der Engländer auf sich, ihre Kunst und nun auch ihre schöne Landschaft, konzentriert sich auf Turner (und seinen Rivalen Constable). Ökonomisch und politisch hat man sich an den Erfolg gewöhnt. Jetzt holt man in einem Gebiet auf, wo keiner es erwartete, dem der Kunst und der Ästhetik.

Turners ungeheurer Anfangserfolg schon in jungen Jahren, der ihn wirtschaftlich für ein ganzes langes Leben saniert (und ihm später ermöglicht, gegen alle herrschenden Trends anzumalen), beruht auf diesen Voraussetzungen. Die Moore von Yorkshire, die Klippen von Devon und Cornwall, die sanften Hügel der Cotswolds, die schroffen Berge von Wales werden jetzt plötzlich populär und ihr Abbild dem Korfus, Karthagos, der Toskana, der Alpen oder des Rhein vorgezogen. Gerade der junge Turner versorgt seine in jäher Heimatliebe entbrannte Kundschaft mit englischen Ansichten in Form systematisch erwanderter und erarbeiteter Stiche, die man sammeln kann – nicht seine bedeutendsten Werke, wohl aber die Grundlage seines Vermögens, ohne das er seine bedeutendsten Werke nicht hätte malen können. »Turner malte um des Ruhmes willen«, sagt Thornbury, »er schuf seine Stiche für das liebe Brot.«

Es dauert nicht lange, ein kurzer Schritt vom georgianischen ins viktorianische Zeitalter, und schon schlägt das Pendel zur anderen Seite aus. Statt auf einen Minderwertigkeitskomplex stößt man auf eine kulturhistorische Arroganz sondergleichen. Da werden von Engländern in England grundsätzlich nur noch Bilder englischer Maler gekauft, Bücher englischer Autoren gelesen, da wird in der Architektur nicht mehr Palladio nachgeahmt, sondern englische Gotik, da halten sich die Briten plötzlich für das Salz der Welt.

»Im 18. Jahrhundert«, so der Historiker John Harold Plumb, »erregte [Englands] Reichtum Neid, im 19. Jahrhundert machte ihr moralisches Überlegenheitsgefühl die Engländer verhaßt.«

Großbritannien kapselt sich – in der Kunst stets mit einem Hinweis auf Turner (oder Constable) – ab und zieht sich eine Weile auf sich selbst zurück. Mit den Gemälden der Präraffaeliten und James Whistlers, den der große Turner-Apologet Ruskin dann auch leidenschaftlich bekämpft, treibt man auf den britischen Inseln Nabelschau. Man muß hinzufügen: Ästhetisch und musisch hat man allerhand erreicht, aus der früher eher praktischen Nation ist eine jetzt auch im Eigenverständnis künstlerische und literarische geworden. Es ist dies die Zeit, da man beklagt, auf dem Gebiet der Bildhauerei keine Eigenleistung aufweisen zu können – Roger Eliot Fry kann noch nicht wissen, daß dank Henry Moore englische Bildhauerei nach dem zweiten Weltkrieg zu einem Markenzeichen werden wird –, und daß man ferner in der Musik spürbar hinterdreinhinkt, weshalb man George Frederick Handel, unseren Georg Friedrich Händel, kurzerhand eingemeindet. Georg I. hatte ihn als Hofkomponist nach London gebracht. Lassen wir es dahingestellt sein, ob Völker und ihre Kulturen einen derartigen Rückzug auf sich selbst nicht von Zeit zu Zeit sogar nötig haben.

Was jede Kultur nötig hat, ist Selbstbewußtsein, Selbstvertrauen. Turner ist da für Großbritannien zwischen Georgianismus und Viktorianik eine Art Schlüsselfigur. Sein Werk wird als Explosion englischer Kreativität empfunden. Auf keinen Künstler – vielleicht mit Ausnahme von William Shakespeare – waren und sind die Engländer so stolz wie auf ihn, den Sohn eines Friseurs aus Covent Garden und einer Mutter, die im Irrenhaus starb. Turner war ein Mann gut angewendeten Fleißes, der die kulturhistorische Situation zu nutzen wußte.

Das Großstadtkind

Mit Talent und Genie allein ist es nicht getan. Ein Künstler muß auch zur rechten Zeit geboren sein, wenn seine Wirkung über das Bildermalen hinausreichen soll. William Turner wird am 23. April 1775 in London geboren. Er stammt also nicht aus der Provinz und nicht vom Lande, wo, wie man sagt, die Landschaftsmaler herkommen. Der Junge wächst in Covent Garden auf, einer Gegend, wo sich beides, sowohl Kunst und Theater als auch Handel und Wandel, konzentrieren – ein durch und durch urbaner Ort. Der Entdecker (oder Mitentdecker) der englischen Landschaft und des Wetters ist, bezeichnenderweise, ein Großstadtkind.

Sagen wir es überspitzt: Nur Großstädter schwärmen für »Natur«. Menschen vom Lande ist die natürliche Umwelt häufig etwas derart Selbstverständliches, daß sie ihnen nicht weiter bemerkenswert erscheint. Im Gegenteil: Als ein Moment auch der Ungewißheit und Gefahr bleibt sie ihnen suspekt, ein nicht zu unterschätzender Gegner, dem man die eigene Existenz und die seiner Familie mühsam abringen muß.

Turners Aufgeschlossenheit für die Phänomene der Natur entstammt nicht dem täglichen Umgang mit ihr. Er muß sie suchen. Der Eindruck ist um so stärker. Natur und Landschaft beherrschen ihn von Kindheit an derart uneingeschränkt, daß der Mensch in seinen Bildern nur selten über die notwendige dekorative Staffage in Vorder- oder Hintergrund hinaus in Erscheinung tritt. Das gilt sogar für ihn selbst. Er scheint überhaupt nur zwei Selbstbildnisse gemalt zu haben, von denen eines erhalten blieb; dabei war er gewiß ebenso egozentrisch veranlagt wie die meisten anderen Maler. Es gab und gibt sogar Urteile, denen zufolge Turner »Menschen nicht malen konnte, weil er die Anatomie nicht beherrschte«. Aber das ist falsch.

Um den Gegenbeweis anzutreten, muß man allerdings, zugegebenermaßen, auf ausgesprochen schwache Bilder zurückgreifen; schon dies ist bezeichnend. Da ist jenes Gemälde, das unter dem zweifelhaften Titel *Die Kupplerin* im Œuvrekatalog geführt wird und das Thornbury noch für eine *Studie Josephs mit Maria* hielt (was er freilich mit einem Fragezeichen versah). Turner hat das – unvollendete – Bild um 1805 unter dem Eindruck eines ersten Besuchs im Pariser Louvre gemalt, wahrscheinlich, wie es seine Art war, um den Wettkampf mit Tizian anzutreten. Ein zweites figürliches Bild, *Jessica*, 1830 in der Royal Academy ausgestellt und von Lord Egremont für seinen Landsitz Petworth gekauft (wo es heute noch hängt), gehörte schon immer zu seinen umstrittensten Werken. Kritiker haben es nicht selten als »Senftopf« bezeichnet, und der romantische Dichter William Wordsworth fand:

»Ich habe den Eindruck, daß der Maler sich so lange mit roher Leber befaßt hat, bis ihm sehr schlecht war.«

Die *Jessica* (nach der Figur in Shakespeares *Kaufmann von Venedig* benannt) ist, der Überlieferung zufolge, 1828 in Rom entstanden, diesmal vermutlich in einer vehementen Auseinandersetzung mit Rembrandt und dessen Farbpalette. Vielleicht hat aber auch jener Enkel einer Enkelin Lord Egremonts recht, der am 9. Dezember 1959 in der *Times* eine andere Geschichte erzählt, die noch von seiner Großmutter stammen soll. Ihr zufolge gab es auf Petworth ein Streitgespräch unter den Gästen – unter ihnen mehrere Maler – über den von Turner bevorzugten gelben Hintergrund. Der Hausherr vertrat die Meinung, ein solcher sei zwar für Landschaften vortrefflich geeignet, auf keinen Fall jedoch für Menschen oder Porträts. Turner habe daraufhin ein hübsches Mädchen, eben jene *Jessica*, vor einen gelben Hintergrund gesetzt. Die Anekdote, wahr oder nicht wahr, würde zu Turner passen.

Beschränken wir uns auf die beiden Beispiele. Sie beweisen jedenfalls, daß Turner die Anatomie des Menschen durchaus beherrschte. Seine Skizzenbücher sind im übrigen voller Figuren, bewundernswert knapp nach dem Leben gezeichnet, in typischen Posen bei aller Eile exakt getroffen.

Nein, es handelte sich keineswegs um Unvermögen. Turner, ohnehin zur Menschenverachtung neigend, betrachtete Menschen als kein Thema für seine Malerei. Tauchen Menschen bei ihm auf, dann meist, der Großstadt adäquat, in Form eines Menschengewimmels. London war schon zu Turners Zeit kaum der Ort, um ein Individuum hervortreten zu lassen. Thornbury führt eine gewisse Unordnung in der Komposition, die der Maler noch im Alter bevorzugt, auf die Eindrücke seiner Jugend zurück: die morgendlichen Märkte in Covent Garden mit ihrem bunten (und schmutzigen) Durcheinander von Käufern und Verkäufern, Fisch- und Gemüseständen, Kisten, Kästen und Abfallhaufen. Der junge Turner hat sich nach eigenem Zeugnis gern auf diesen Märkten herumgetrieben, und vielleicht läßt sich auch seine Vorliebe für Figurengruppen auf sie zurückführen. Die Märkte begrenzten das Feld seiner Londoner Jugendabenteuer und -eindrücke gleichsam nach Norden. Wandte er sich, was er genauso gern tat, nach Süden, stieß er alsbald auf die Themse mit dem nahen Hafen. Dort trat zum gleichfalls unordentlichen Gewimmel von Schiffen, Masten, Kränen, Dückdalben und Booten die Weite des Flusses. Sein Leben lang hat er das Wasser im allgemeinen, die Themse im besonderen geliebt, stundenlang betrachtet und immer wieder gemalt, was ihn dort so faszinierte: das Glitzern der ständig bewegten Wellen, den Widerschein der Sonne, die Sonnenauf- und -untergänge, die schweren Regenwolken und ihr Schwarzblau, das die Flußoberfläche wie Tinte erscheinen läßt, den Bugwellenschlag der vorbeifahrenden Schiffe, die kreisenden und kreischenden Möwen, den ständigen Wechsel aller Eindrücke am Wasser, der das einzig Konstante bildet in der steten Veränderlichkeit der Erscheinungen.

Zwischen Covent Gardens Märkten und Covent Gardens Themseufer, mitten in der damals bevölkerungsreichsten Stadt der Erde, hat Turner, noch als Kind, zu jener Naturverbundenheit gefunden, von der bis heute seine Bilder Zeugnis ablegen. Sie bezogen und beziehen ihre Intensität vielleicht auch aus der

Turners Geburtshaus in der Maiden Lane (zeitgenössischer Stich).

Tatsache, daß Großstädter das Staunen vor der Größe und der Schönheit der Natur seltener verlieren als Menschen vom Lande.

Turners Rivale Constable kam vom Lande. Er wurde ein gutes Jahr nach Turner, am 11. Juni 1776, im ländlichen Suffolk geboren, der Sohn eines Mühlenbesitzers. Auch er war ein »reiner« Landschafter fast ohne Figuren, der sich im wesentlichen sogar auf die englische Landschaft beschränkte: das heimische Suffolk, das Kathedralen-Salisbury seines geistlichen Freundes John Fisher, den freien Blick von Hampstead über die Heide auf London. Aber welch ein Unterschied zu den Landschaften Turners! Bei Constable grünen Feld, Wald und Wiese – mein Freund Peter Fischer hat ihn in einer Kritik, nicht einmal allzu abschätzig, den Feld-, Wald- und Wiesenmaler par excellence genannt –, wo bei Turner Dramatisches und Tragisches, über das Landschaftliche Hinausgehendes dargestellt ist. Der allegorische Charakter, den bei Turner jede Landschaft fast von allein annimmt, fehlt bei Constable völlig. Die Landschaft genügt sich selbst, während sie bei Turner zum Spiegel elementarer Kräfte wird, die auch den Menschen bestimmen.

Beide waren überragende Erscheinungen ihrer Zeit. Es hängt vom persönlichen Geschmack ab, wem man zuneigt. Freunde Turners sind nur selten auch Freunde Constables und umgekehrt; die Rivalität beider Maler reicht über ihre Anhänger bis heute. Mag man den einen auch nur ungern gegenüber dem anderen ausspielen, so handelt es sich doch wahrscheinlich um ein unterschiedliches Grunderlebnis: die Kindheit in der Großstadt und die Kindheit auf dem Lande.

Hinzu kommt, daß Turner den wenig jüngeren Zeitgenossen um gute 14 Jahre überlebt hat; seinen anderen, ihm ähnlicheren Rivalen und besten Jugendfreund, Thomas Girtin, überlebte er sogar um 49 Jahre. Girtin, wie Turner 1775 geboren, war ein frühreifer, ebenfalls genial veranlagter Landschaftsmaler, der 27jährig starb. »Hätte Girtin gelebt«, so Turner, neidlos, »wäre ich verhungert.«

Auch dies war wie ein Götter- oder Schicksalsgeschenk: Der Spätblütler Turner überlebte seine Konkurrenten und hatte im Alter die Gelegenheit, sein ganzes Können, seinen eigenen Stil zu entfalten. Hätte Turner nicht (so lange) gelebt, könnte man seinen eigenen Spruch über Girtin abwandeln, wäre er ein Seitenkapitel der speziell englischen Malerei geblieben und würde, wahrscheinlich, nach Constable rangieren. Geradezu verhungert wäre er aber gewiß nicht.

Kehren wir zurück zum Jungen in Covent Garden. Der Vater ist Friseur und Perückenmacher. Man muß bedenken, daß zur Zeit von Turners Kindheit noch allgemein Perücken getragen wurden, die der Friseur zu verfertigen, zu pflegen und morgens zu präsentieren hatte. Thornbury berichtet, daß zu William Turners Kundschaft auch die Theaterleute der Umgegend zählten. In der Maiden Lane, fast im Schatten der mächtigen Sankt-Pauls-Kathedrale, hatte sich der Vater, aus Devonshire – exakt gesagt: aus South Molton – kommend, niedergelassen. Das schmale, drei- oder zweieinhalbstöckige Haus, längst abgerissen, trug die Nummer 26. In der Nähe, in der Southampton Street, von der die Maiden Lane abzweigt, hatte bis vor kurzem Garrick gewohnt, der große Erneuerer des englischen Theaters. (Auch das Drury Lane Theatre, wo Garrick seine Triumphe, hauptsächlich in Shakespeare-Rollen, feierte, liegt ganz in der Nähe.)

So ist es gut möglich, daß Turner sen. abends auch hinter den Kulissen der einen oder anderen Bühne tätig war. Es scheint sogar wahrscheinlich, denn Vater Turner muß im Stadtteil ungemein beliebt gewesen sein. Sein Laden mit den zwei großen, mehrfach geteilten Fensterscheiben war trotz der ärmlichen rauchgeschwärzten Fassade so etwas wie ein Treffpunkt des Bezirks. Es lagen Zeitungen aus, und Zeichnungen der ebenfalls nahe gelegenen Mal- und Zeichenakademien standen zum Verkauf. Bei gutem Wetter hingen die Bilder draußen, mit Wäscheklammern an einem Gestell befestigt und munter im Winde flatternd. Vater William hat auch die ersten Arbeiten seines Sohnes William auf diese Weise verkauft.

Mit anderen Worten: Turner stammte aus einer Schicht, die man zwar damals zu den untersten zählte, die aber zumindest in seiner Branche einen wenn nicht goldenen, so doch kupfernen Boden aufzuweisen hatten. »Daddy«, wie Turner seinen Vater bis zuletzt nannte, bestand auch darauf, seinem Sohn eine »good education« zuteil werden zu lassen (die freilich mit 14 bereits beendet wurde). Der Verkehr im Friseur- und Perückengeschäft, der Tagesklatsch, aber auch die Beschäftigung mit Objekten der Kunst und des Theaters müssen dem jungen Joseph Mallord William, der von seiner Familie nur beim dritten Namen gerufen wurde, früh vertraut gewesen sein. Die Kunst gehörte zur Umwelt dieser ärmlichen Gegend. Im Gegensatz zu Constable ist Turner von seiten seiner Familie auch nie ernsthafter Widerstand gegen die Künstlerlaufbahn entgegengebracht worden. Sein Vater war sogar stolz auf die Begabung, die sein Sohn frühzeitig verriet, und versicherte auf diesbezügliche Fragen seiner Kundschaft nach Billys Zukunft, wie Thornbury berichtet, von vornherein: »It's all settled, sir; William is going to be a painter!« – alles schon abgemacht; William soll Maler werden!

Der ungewöhnliche Vorname Mallord stammt von der Mutter, die mit ihrem Mädchennamen so hieß (nach einer anderen Version allerdings hieß sie Marshall). Von ihr ist selten oder nie die Rede. Erfährt der junge Billy, wie er zunächst in der Maiden Lane gerufen wird, vom Vater alle Förderung und Erziehung, wird die seelisch labile Mutter, Tochter eines Fleischers aus dem Londoner Stadtteil Islington, zu einer Belastung für das Kind. Die Familie wohnt in den beiden schmalen Kammern über dem Laden (der Raum, in dem sich das Kind einschließt, als es die ersten Zeichnungen herstellt, befindet sich im Kellergeschoß); die Verhältnisse sind beengt. Es muß zu schrecklichen Szenen gekommen sein, als sich das psychische Leiden der Mutter verschlimmerte. Sie wurde so gewalttätig, daß sie schließlich (da ist Turner eben 25) in eine Anstalt eingewiesen werden mußte. Zunächst ins verrufene »Bedlam«, eine Verballhornung von »Bethlehem«, die staatliche Irrenanstalt, in das die Londoner, wie noch von Pückler geschildert, am Sonntag pilgerten, um die armen Irren hinter den Gittern zu betrachten wie Tiere im Zoo. 1804 starb die Mutter, jetzt von ihrer Familie in einem Privatheim untergebracht.

Turner verbrachte sein Leben in der Furcht, wie seine Mutter in geistige Umnachtung zu fallen. Eine stete hypochondrische Selbstbeobachtung scheint dazu beigetragen zu haben, daß er früh als Sonderling mit seltsamen Manieren galt. Er erklärte mehrfach, wegen der Gefahr einer Vererbung der Leiden seiner Mutter nie geheiratet zu haben. Daß er trotzdem nicht weniger als vier unehelich geborene Kinder hinterließ, mag ein wenig inkonsequent scheinen, aber Turners merkwürdige Charaktermischung aus Naivität und höchster Raffinesse gibt ohnedies Rätsel auf. Konsequenz war seine Sache nur auf dem Gebiet der Kunst.

Covent Garden muß man sich im übrigen als dunkles, feuchtes und ungesundes Viertel vorstellen. Als das Kind zu kränkeln beginnt, schickt es der Vater zunächst nach Brentford aufs Land, wo Onkel und Tante väterlicherseits einen Schlachterladen betreiben. Der Zehnjährige entdeckt eine andere Themse als die, die er in London so gut kennt. Brentford, nicht weit von Heathrow, heute Londons größter Flughafen, und von Ealing, einem inzwischen dicht besiedelten Bezirk, entfernt, ist damals noch eine typische Marktstadt mit engen Straßen und Gassen, voller Leben und Treiben, aber freiem Zugang zum Fluß. Die Liebe zu dieser Gegend, wo aus dem vielbefahrenen Strom ein beinahe idyllisches Flüßchen wird, umgeben von grünen Hügeln und Tälern, hat Turner nie verloren. Als er sich sein erstes Häuschen baut, liegt es in Sichtweite der Themse mit Blick auf Brentford.

In der Schule von Brentford wurde Turners – man möchte sagen: verzweifeltes – Verhältnis zur Literatur geprägt. Die Bibel, aber auch Homer in der Übersetzung Alexander Popes und Vergil in der Übersetzung John Drydens werden ihm hier nahegebracht. Obwohl es vielen Zeitgenossen wegen seiner kurzen, abgehackten, willkürlichen und undeutlichen Redeweise schwerfiel, sich mit Turner zu verständigen, war er alles andere als ungebildet. Er las viel, besonders Gedichte, schrieb selbst eines, an dem er sein Leben lang feilte (*The Fallacies of Hope*, auf das wir noch zurückkommen werden), kannte sich in der Klassik aus und diskutierte im Freundeskreis gern über literarische Fragen, allerdings noch lieber über solche der Kunst.

Später, gesundet, schickt der Vater den Jungen auf eine andere billige Schule, ans entgegengesetzte Ende der Themse, nach Margate in Kent. Den Eindruck, den das freie Meer und die weiße Klippenlandschaft, den allein der Anblick von Wellen in endloser Folge auf ein für derartige visuelle Impressionen empfindliches Gemüt gemacht haben müssen, können wir nur ahnen. Nach Margate kann man von London mit dem Schiff gelangen. Jede Fahrt hin und zurück wird für den Zwölfjährigen zu einem überwältigenden Erlebnis. Noch der alte Turner hat in einem Brief davon geschrieben.

Während er in Soho seine Schulbildung abschließt, hantiert der junge William beim gelegentlichen Besuch von Malschulen schon verbissen mit Bleistift, Farben und Pinsel. Wahrscheinlich lernte er sogar bei dem bereits über 60jährigen Paul Sandby – vor allem aber autodidaktisch im verschlossenen Kämmerlein.

Sandby, ursprünglich Kartograph, was sich auch bei seinen späteren Landschaften (er gilt als Entdecker von Schottland und Wales für die englische Landschaft) nicht ganz verloren hat, dürfte der erste Maler sein, den der junge Turner imitiert. Man darf ihn – Kunst kommt von Kunst – als ersten Lehrmeister sehen, ob Turner nun seine Schule besucht hat oder nicht. Sicher ist nur, daß er, wie von zeitgenössischen Tagebüchern bestätigt wird, bei Thomas Malton, wohl einem Kunden seines Vaters, zeitweilig Unterricht nahm. Ihn nannte Turner später dann auch als seinen »eigentlichen Lehrherrn« (»my real master, you know«).

Sandby wurde 1730, Malton 1748 geboren, beide sind sie erfolgreiche Künstler, Bühnenbildner und Kupferstecher, handwerklich perfekt, jedoch ein bißchen trocken. Sie stammen noch aus der von Canaletto begründeten streng topographischen Richtung. Kopien oder Nachempfindungen ihrer stets wie mit dem Lineal gezogenen Stadtlandschaften sind jedenfalls die ersten Blätter, die der stolze Vater von seinem Filius im Frisierladen für ein paar Schillinge anbietet und zuweilen sogar verkauft.

Sein Jugendfreund Girtin studiert übrigens bei einem anderen Lehrmeister, dem sehr viel jüngeren Edward Dayes, 1763 geboren, also nur zwölf Jahre älter als die beiden Kunstadepten. Auch Dayes ist noch ein Topograph im Sinne des späten 18. Jahrhunderts, einer der führenden in diesem Fach sogar, Verfasser eines Lehrbuchs, *Instruktionen zum Zeichnen und Kolorieren von Landschaf-*

ten. Aber er hat eben den präzisen Umriß in seinen Zeichnungen aufgegeben, und die exakte Farbgebung ebenso, zugunsten einer mehr atmosphärischen Darstellung. Die Horizonte gehen in reinen Himmel über, Rauch und Dunst lagern über der Stadt und lockern ihre harten Konturen auf: eine erste Andeutung von Wetter im topographischen Abbild. Das kommt Turner entgegen, der merkwürdigerweise mehr von Dayes übernommen hat als Girtin, während Girtin damals eher von Malton geschult erscheint. Der merkwürdige Austausch von Einflüssen der Lehrer unter zwei Schülern mag sich aus dem Umstand erklären, daß die blutjungen Lehrlinge ihre Begabung schon frühzeitig nutzen, um sich ein bißchen Geld nebenher zu verdienen. Gemeinsam statten sie Zeichnungen von Architekten mit Bäumen, Personen, hauptsächlich jedoch Wolken aus, so für den Architekten William Porden, den Miterbauer des sonderbaren Pavillons in Brighton, den sich Georg IV. mit Kuppeln, Minaretts und viel Chinoiserie an der Kanalküste errichten läßt, das extravaganteste Gebäude des sonst so geschmackssicheren Regency. Unter den Architekten in der Künstlergegend von Alt-London spricht sich herum, daß zwei talentierte Knaben für ein paar Pennies derartige für Architekten lästige Aufgaben zuverlässig wahrnehmen. Es war lange Zeit ein Lieblingssport englischer Kunsthistoriker, auf Entwurfszeichnungen aus der Zeit Georgs IV. Spuren der Hand Girtins oder Turners festzustellen.

Die enge Zusammenarbeit, die in der gemeinsamen Tätigkeit an Thomas Munros Abendakademie noch enger werden wird, begünstigt ein gegenseitiges Aufnehmen und Abgeben von Erlerntem oder Übernommenem. Girtin und Turner sind bald unzertrennlich. In ihren ebenso handwerklich soliden wie fleißigen Anfängen muß man sie sich wie Zwillinge vorstellen. Dabei hat Turner mit seinen Lehrern mehr Glück als Girtin. Sandby – oft verwechselt mit seinem Bruder Thomas, dem Architekten und Umgestalter des Gartens von Windsor – war, wie sein Bruder, Mitbegründer der Royal Academy. Er blieb zwar bis zu seinem Tode 1808 Oberzeichenlehrer an der Militärakademie in Woolwich, hat aber seinem ehemaligen Schüler helfen und ihm später in der Königlichen Akademie vieles erleichtern können. Das gilt fast noch mehr für Malton. Malton lehrt an der Royal Academy Perspektive (in der Turner, der später diesen Lehrstuhl übernimmt, zunächst versagt) und gilt als die graue Eminenz der Institution. Was immer über seine Intrigen und sein Drahtziehen hinter den Kulissen überliefert sein mag, Turner war er von Anfang an bis zu seinem Tode 1804 ein aufrichtiger und ehrlicher Förderer. Der rasche Erfolg Turners dort läßt sich ganz sicher auch auf das Wohlwollen, das Malton seinem Schüler entgegenbrachte, zurückführen.

Dayes, Girtins eigentlicher Lehrer, von dem aber durch den beschriebenen freundschaftlichen Umweg auch Turner profitiert, nimmt – im selben Jahr wie Sandby, nur sehr viel jünger, nämlich 41 Jahre alt – ein tragisches Ende. Er stirbt durch eigene Hand, angeblich weil er nicht verwinden kann, daß seine beiden Schüler Girtin und Turner ihn schon in jungen Jahren weit überflügeln, nicht nur in der Gunst des Kunstpublikums, sondern auch in der eigenen Einschätzung.

Mit 13 Jahren muß Turner jene Figur entwickelt haben, die man bald in London kennt. Er ist zwar sehr klein, aber keineswegs, wie oft behauptet worden ist, verwachsen. Vom Vater hat er die Devonshire-Statur geerbt. Die Leute von Devonshire gelten als die besten Seeleute Englands, abenteuerlustig und ausdauernd. Männer aus Devon wie Francis Drake, James Cook, Martin Frobisher und Walter Raleigh haben Britannien das Weltreich und der Menschheit Dinge beschert wie den Tabak, die Kartoffeln oder den Tourismus. Oft bleiben die Grenzen zwischen Seefahrerei und Freibeuterei bei ihnen fließend – sie gelten auch als lebenslustig und undurchsichtig, aktiv, aber zugleich schwermütig (und ein bißchen unheimlich).

Es ist bezeichnend, daß Turner häufig Kent als Heimat seiner Vorfahren angegeben hat, aber seine untersetzte, sehr stämmige und muskulöse Statur stammt eher aus dem Westen Englands als dem gemäßigteren Osten. In der Jugend hält man ihn für einen Matrosen, im Alter – wegen des wiegenden Gangs – für einen Kapitän. Er kleidet sich auch entsprechend maritim (und, wie fast alle Zeitgenossen bekunden, sehr nachlässig). Am auffälligsten in seinem Gesichtsschnitt ist die weit hervorstechende, scharf gebogene Nase, die im Alter immer größer und fleischiger wird. Auf dem Kontinent hält man ihn deswegen häufig für einen Juden, was aber auch – wie er selbst im Freundeskreis lachend berichtet hat – mit seiner bis zum Geiz gehenden Sparsamkeit in Verbindung gebracht werden muß. Strahlend blaugraue Augen und braunes, im Alter grauweißes Haar sind weitere physiognomische Kennzeichen. Was zum älteren Turner ebenfalls gehört, ist ein Regenschirm als ständiger Begleiter, den er, aus Geldersparnisgründen, auch gleich als Angelrute verwendet. Obwohl seine leicht kuriose, auffallend unordentliche Erscheinung von den Karikaturisten gern verspottet wird, besitzt er doch bis ins hohe Alter eine enorme physische Kraft und Ausdauer. Die ersten Reisen in seiner Jugend legt er ausschließlich zu Fuß zurück, bis zu 40 Meilen am Tag, wobei er Malkasten, Staffelei und sämtliche Habseligkeiten im Bündel mit sich führt – vor Sonnenaufgang heraus aus dem kümmerlichen Quartier (wenn's geht, einer Bauernscheune, die nichts kostet) und erst bei Sonnenuntergang wieder unter irgendein Dach: Anspruchslosigkeit und Zähigkeit kennzeichnen diesen Mann. Seine enorme Gesundheit wird noch im Alter bewundert (wo sie freilich langsam nachläßt). Die bereits erwähnten »Varnishing Nights« vor den jährlichen Ausstellungseröffnungen in der Royal Academy beginnen für Turner bereits vor dem Frühstück, das er während des Malens einnimmt. Dann arbeitet er – und das öffentlich, für jedermann sichtbar! –, solange Tageslicht vorhanden ist, unermüdlich auf den Beinen und ohne eine Spur von nachlassender Kraft.

Mit den Angehörigen der christlichen Seefahrt teilt Turner auch einen gewissen Geschmack an – wie man damals formulierte – Ausschweifungen. Da er äußerst diskret war und blieb, in allem, was seine persönliche Lebensführung betrifft, wissen wir nur aus seinen späten Jahren, als man den berühmten Mann zu beobachten begann, daß er in Chelsea über die Woche sehr arbeitsam war. Er lebte bei einer Mrs. Booth als ein Mr. (in der Meinung des damals recht vornehmen Stadtteils: Kapitän) Booth. Am Sonnabend aber verschwand er in die Hafengegend und tauchte erst spät am Sonntag oder montagmorgens wieder auf. Daß er das andere Geschlecht nicht verschmähte und auch nicht eben Antialkoholiker war, ist überliefert wie auch ein Hang zum rohen Vergnügen. Den Wochenenden am Ende seines Lebens sind ganz sicher ähnlich verbrachte Wochenenden auch am Anfang und in der Mitte seines Lebens vorangegangen.

Der breitschultrige, kleine, in gewisser Weise derbe und in seiner Kunst betont selbstsichere Mann muß zugleich extrem scheu gewesen sein. Zwar hat er Freunde, mit denen er verkehrt, besitzt sogar so etwas wie eine anspruchsvolle Klientel unter dem Hochadel – vor allem aber den wenn nicht Neureichen, so doch neuerdings Reichen –, aber Außenstehenden und Fremden kann er sich nur schwer verständlich machen. In der Akademie, später, gewöhnt man sich an seine seltsam undurchsichtige Redeweise. Im allgemeinen gilt Turner, schon als Heranwachsender, als unzugänglich. Seine Gehirnwindungen verlaufen anders als bei gewöhnlichen Menschen. Bei Freunden scheint er allerdings keine Schwierigkeiten gehabt zu haben. Da kann er fröhlich und ausgelassen sein. Seine Briefe sind trotz gelegentlicher orthographischer Fehler anschaulich und, meist, im normalen Umgangston der Zeit gehalten. Obgleich vielbelesen und selbst ständig mit gereimten Worten ringend, scheint jedoch sein ganzes Sinnen vorwiegend visuell eingestellt. Er entdeckt die Welt mit den Augen, bleibt sein Leben lang ein eifriger Theatergänger (was auf die Freikarten zurückzuführen sein dürfte, die sein Vater als Theaterfriseur erhielt) und, dies vor allem, ein harter, fast unerbittlicher Geschäftsmann.

Aber da gibt es auch sehr weiche Züge. Sein großes Vermögen hat er nicht zuletzt angehäuft, um es Kollegen vermachen zu können, denen das Glück weniger hold war als ihm. Als einziger hat er ein eigenes Bild aus einer Akademieausstellung entfernt, um Platz zu machen für einen jüngeren Maler, den er für gut hielt, für den sich sonst aber an den Wänden kein Raum gefunden hätte. Was ihn von früher Jugend an bestimmte, war Verbitterung.

Er fand, daß ihn die Welt schändlich behandelt hatte. Da war das herbe Schicksal seiner Mutter. Da gab es von früh an Verständigungsschwierigkeiten mit der Umwelt. Die Architekten, die sich von ihm und Girtin ihre Entwurfszeichnungen vollenden, die reichen Leute, die wie Dr. Munro für einen Kummerlohn Kopien von Blättern berühmter Maler herstellen ließen, alle hatten sie ihn und sein Können schmählich ausgenutzt. Später waren es die Kritiker, die ihren Hohn und Spott wie Unratkübel über ihn ausgossen, der sich nicht wehren konnte: Da kam vieles zusammen, das sich auf ihn mit Zentnergewichten legte. Unvoreingenommen trat er nur Kindern gegenüber, zu denen er ein spontanes und oft im Augenblick herzliches Verhältnis entwickeln konnte. Sie mochten hinter der misanthropischen Fassade des sonderbaren kleinen Mannes das Besondere, Außerordentliche, Herzliche wittern. In der Welt, in der er lebte, fühlte sich Turner wie ausgesetzt, wie ein Fremdling. Dabei fand er doch so etwas wie eine zweite Heimat: die Royal Academy, der er immerhin 49 Jahre lang angehörte.

Die Akademie

Akademien gibt es viele. Die meisten gleichen unseren heutigen Volkshochschulkursen. Der Verbreitung von Bildung wird in der georgianischen Epoche viel Zeit, viel Überlegung und auch einiges Geld gewidmet. Man ist stolz auf seine moderne, das heißt aufklärerische Haltung. Technik und Naturwissenschaften florieren und benötigen Nachwuchs aus den Schichten, die bislang Bauern, Arbeiter und Handwerker hervorgebracht haben.

Unter den Künsten entwickelt sich besonders das Malen von Aquarellen zu einer Art von Volkssport. Erhalten in Deutschland die höheren Töchter obligaten Klavierunterricht, so werden sie in Großbritannien im Umgang mit Wasserfarben unterwiesen. Jung und Alt, Amateur und Berufskünstler, Frau und Mann üben sich im Aquarell, dessen Blüte sich weit ins 19. Jahrhundert und sogar hinein ins 20. erstrecken soll. Keine Kunstform wird in Großbritannien auf einer derart breiten Basis bis heute ausgeübt wie die Wasserfarbenmalerei. Schulen, die sie lehren, schießen besonders unter Georg III. wie Pilze aus dem Boden. Meist nennen sie sich großspurig »Akademien«; die meisten siedeln sich in Covent Garden an, in Turners (und Girtins) Gegend.

Zu ihnen gehört auch die Akademie des Dr. Munro, dessen Name auch als Monro oder Monroe überliefert ist; mit der Orthographie der Eigennamen nahm man es damals noch nicht so genau (auch Goethe hat bisweilen seine Briefe mit »Göthe« signiert). Thomas Munro ist einer der Irrenärzte – »mad doctors«, wie sie damals noch hießen – Georgs III., wenn auch nicht der bekannteste von ihnen. Als wohlhabender Mann und leidenschaftlicher Kunstsammler wohnt er an teurer Adresse, in den eben errichteten Adelphi Terraces, einer Häuserreihe mit, wie wir heute sagen würden, Luxuswohnungen, direkt an der Themse gelegen. Dort hat bis zu seinem Tode auch David Garrick, der große Schauspieler, gewohnt, wie in späteren Zeiten unter anderem Thomas Hardy und George Bernard Shaw (man hat die Gebäude leider 1936 abgerissen; einen kleinen Eindruck von der alten Pracht geben noch die Häuser Adam Street 7–10).

Munro ist auf Turner durch Blätter aufmerksam geworden, die dessen Vater vor seinem Friseurladen ausgehängt hatte. So will es die Überlieferung wissen. Es kann aber auch sein, daß einer seiner Freunde, der junge Künstler John Raphael Smith, für den Girtin und Turner Drucke kolorieren, die beiden vermittelte. Jedenfalls gehörten sie bald zum festen Stamm von Munros Akademie, die der Sammler in seiner Bibliothek unterhielt. Arbeitssitzungen fanden nur im Winter statt, denn im Sommer streiften die werdenden Künstler an der Themse und in der Umgebung Londons umher, skizzierend und aquarellierend. Unter Munros Anleitung zeichneten und kopierten ein paar begabte Nachwuchsmaler nun an Winterabenden eine oder zwei Stunden lang, wofür sie »half a crown« erhielten, zwei Shilling und Sixpence, sowie ein Abendessen.

Das war relativ großzügig, obwohl Munro die entstandenen Blätter, die ihm gefielen, behielt. Turner sprach sein Leben lang vom »guten Doktor« und blieb ihm, der erst 1833 starb, immer verbunden. Dankbar war er vor allem, daß er bei Munro – und bei John Henderson, ebenfalls in den Adelphi Terraces, an den jener ihn gleichsam weiterreichte – die ersten Originale bestaunen konnte, so einen Rembrandt, *Die Verstoßung der Hagar*. Neben Gemälden (unter anderem von Frans Snyders, Salvator Rosa, dem auch in London als Bühnenbildner arbeitenden Venezianer Francesco Zuccarelli und Thomas Gainsborough) besaß Munro jedoch vor allem dicke Mappen mit Stichen und englischen Landschaftsaquarellen. Turner stieß hier auf seine wirklichen Lehrmeister, von denen er am meisten – beim Kopieren und Variieren – lernte, auf Arbeiten von Canaletto, Loutherbourg, Thomas Hearne, Sandby, Dayes und Cozens. Überdies pflegte der Arzt, wenn er besonders großzügiger Stimmung war, seine Laterna magica hervorzuholen und seinen Schülern italienische Landschaften an die Wand zu werfen, die nach Kopien von Gainsborough entstanden waren. Für einen jungen und armen – zumindest dürftig gehaltenen – Kunstjünger mußte die gepflegte Atmosphäre mit den geradezu ungeheuerlichen Kunstschätzen wie ein Paradies erscheinen.

Munro ging dann auch hochgelobt als Gönner junger englischer Maler, und zwar der begabtesten unter ihnen, als Mäzen Girtins und Turners, in die englische Kulturgeschichte ein. Turners Vater war da anderer Meinung. Er mißtraute dem Irrenarzt und witterte, wahrscheinlich nicht ganz zu Unrecht, eine gewisse Berechnung hinter der mäzenatischen Attitüde. Wie konnte man billiger zu Kunstwerken kommen als für eine halbe Krone und ein Abendessen? Man muß hinzufügen, daß die heutige Originalitätssucht damals noch kaum verbreitet war. Eine gute Kopie war nicht weniger wert in einer Sammlung als das Original. Tatsächlich konnte sogar der Wert mit dem jeweiligen Ansehen des Kopierenden wachsen. Im übrigen handelte es sich nur selten um detailgerecht exakte Nachzeichnungen. Veränderungen und Varianten waren erlaubt, oft sogar erwünscht und wurden nach den Vorstellungen des Auftraggebers ausgeführt. Dem Verdacht Vater Turners steht allerdings entgegen, daß Munro, der sich später in Harrow zur Ruhe setzte, auch weiterhin von Turner Zeichnungen und Aquarelle erworben hat. Das Auktionshaus Christie, Manson & Woods versteigerte im Juni 1833 aus dem Nachlaß nicht weniger als 137 Blätter, die meisten auf Reisen in England und Italien entstanden, also nicht aus der »Akademie«-Zeit. Manche von ihnen kaufte – dem bei Thornbury im Anhang seines Buches abgedruckten Versteigerungskatalog zufolge – Turner selbst wieder, wie er es später häufig tat, wenn Arbeiten von ihm auf den öffentlichen Markt kamen.

Bei Munro lernt Turner das Zeichnen und Malen auf jeden Fall zum erstenmal ganz systematisch. Am nachhaltigsten beeindruckt ihn die Begegnung mit John Robert Cozens, der auf diese Weise beinahe zum direkten Lehrmeister Turners wird. Cozens schuf sein Hauptwerk auf zwei Italienreisen. Es wird damals für Kunstmäzene Mode, auf derartige Reisen einen Malerzeichner mitzunehmen, der seine und die eigenen landschaftlichen Eindrücke festhält, ganz wie man heute eine Kamera mit sich führen mag. Auf der zweiten Reise, durch Deutschland und die Schweiz bis nach Neapel, begleitete er William Beckford, den herrischen und exzentrischen Multimillionär, einen persönlichen Freund schon vom Elternhaus her, mit dem sich der melancholische und gesundheitlich unstabile Maler, den in Neapel ein schweres Fieber niederwirft, jedoch verzankt. Beckford läßt den Kranken in Neapel zurück, und dieser muß sich allein wieder nach England durchschlagen.

Cozens ist – wie fast alle Engländer damals – sehr von Claude Lorrain beeinflußt. Er skizziert unterwegs in dicke Bücher, arbeitet auch wohl vor der Natur mit Wasserfarben – Beckfords Sammlung enthält 94 derartige Blätter des, nach seinen Worten, »undankbaren Halunken«, die er alle 1805 versteigern läßt. Die Hauptarbeiten von Cozens entstehen nach den Skizzen freilich daheim, wieder in England, wobei sowohl das Vorbild Lorrains als auch ein Hauch heimatlicher Landschaft in die Bilder einfließen.

Noch wichtiger wird für Turner die Malmethode, die Cozens anwendet und von der ihm Munro berichtet haben muß. Cozens setzt zunächst Flecken aufs Blatt, farbige Umrisse, eine Art von abstrakter Grundierung, die ausgesehen haben muß wie ein später Turner. Die wenigen Zeugen, die Turner im Laufe seines Lebens beim Malen oder Aquarellieren zusehen durften, berichten alle, daß er gleichfalls von einem Flecken ausging, den er mit allen Mitteln – vom Pinselstiel bis hin zum Daumennagel – bearbeitete, sozusagen durchknetete, ehe er auch nur begann, Umrisse erscheinen zu lassen.

Ohne solchen Ausgangspunkt von gleichsam reiner Malerei – »Colourfield« würden wir heute sagen – dürfte eine Entwicklung hin zu den *Colour Beginnings* undenkbar sein. Turner mußte nur auf die realistische Ausführung verzichten, um zu jenen Ergebnissen zu kommen, die wir heute so sehr bewundern. Wahrscheinlich tat ihm bei diesem oder jenem »abstrakt« grundierten Blatt leid, es durch Zutaten aus der sichtbaren Welt zerstören zu müssen. Da jeder Maler die Welt durch eine strukturalistische

Brille sieht, kann ihm ein bildnerisches Gerüst genügen. Das gilt auch für den Betrachter. Er muß sich nur darauf einstellen, sein Sehvermögen schulen und Ergänzungen der eigenen optischen Phantasie überlassen.

Es tritt ein weiteres hinzu. Wetter spielt bei Cozens unter allen Vorläufern der englischen Romantiker die größte Rolle. Im Gegensatz zu Wilson, Sandby, Hearne, Pars und anderen zieht er der klaren, tageshellen, mehr oder weniger topographisch offengelegten Landschaft eine diesige, an bestimmten Stellen eingetrübte, »atmosphärische« vor. Da bricht die Sonne mit breit gebündelten Strahlen durch eine dichte Wolkendecke, legen sich umgekehrt schwere Schlagschatten auf Teile der Ansichten, diese nahezu auslöschend, da verwischen Nebelbänke die Berghänge, legt sich ein erster Zug von Impressionismus, von Momentaufnahme über die sonst meist angestrebte Zeitlosigkeit.

Munro besitzt viele solcher Arbeiten, weil der 42jährige Cozens seit 1794 als Geistesgestörter in der Anstalt Bedlam sitzt, wohin er ihn eingewiesen hat. Die Blätter, die er von Girtin und Turner zeichnen läßt, sind wahrscheinlich für eine Subskription bestimmt, die Munro zugunsten des mittellosen Patienten auflegt und an der sich nahezu alle bekannten Sammler Großbritanniens (mit Ausnahme Beckfords) beteiligen. Cozens, Sohn eines in Rußland geborenen Malers, Enkel eines der englischen Schiffsbauer, die Peter der Große ins Land rief (nicht jedoch, wie man wispert, mit diesem verwandt), stirbt 1797, übrigens bei Munro. Es ist zweifelhaft, ob Turner ihn jemals persönlich zu Gesicht bekommen hat.

In seinem Werk wie in dem Girtins wird Cozens zum entscheidenden Anreger. Die rund zehn Mitglieder, die Munros Akademie umfaßt (und die sich umschichtig einfinden), erhalten unterschiedliche Aufgaben. Es stellen sich bald Vorlieben (und sicher auch Abneigungen) heraus, auf die der wohlmeinende Lehrermäzen notgedrungen eingehen muß. Girtin und Turner konzentrieren sich – außer auf, merkwürdigerweise, Canaletto – rasch auf Cozens, dies wohl auch, weil Munro Blätter für seine Ausschreibung braucht. »Man fühlt immer, daß man in Cozens' Landschaften atmen kann«, hat Thornbury formuliert. Tatsächlich setzt bei

Cozens mit dramatischer Wolkenbildung und monotonaler Farbigkeit ein Effekt ein, der speziell englische Landschaftsmalerei seit der Romantik auszeichnet. Er stammt direkt aus der Beobachtung der heimischen Gegebenheiten. Noch heute erscheint die englische Landschaft im Spiel von Licht, Land (oder Meer) und Wolken anders als die kontinentale. Da sich durch die feuchte Atmosphäre Dunstfelder bilden, selbst im kräftigsten Sonnenschein, scheint sie hintereinandergestaffelt, kulissenartig, heben sich häufig Vorder-, Mittel- und Hintergrund deutlich umrissener voneinander ab als anderswo. Die englische Landschaft sieht man bei typisch englischem Wetter wie ein auf drei oder noch mehr Ebenen aufgetragenes Panoramabild, ein Phänomen, von Cozens entdeckt, von Turner weitergeführt.

Cozens hat zwar in der Hauptsache italienische Landschaften aquarelliert, diese aber mit dem englischen Landschaftseffekt gleichsam durchsetzt. Wären nicht die gewaltigen, allerdings nur knapp angedeuteten schneebedeckten Berge im Hintergrund, der *Weg zwischen Thuner- und Untersee* könnte durch Wiltshire verlaufen mit seinem idyllischen Grün-in-Grün-Charakter; der *Nemisee* könnte sich in Schottland befinden. Das wird bei ihm definitiver sichtbar als bei dem etwas älteren Richard Wilson, der neben Reynolds als eigentlicher Anreger der englischen Landschaft im 18. Jahrhundert gilt. Ein gebürtiger Walliser, hat Wilson in sechs italienischen Jahren unter dem Einfluß von Freunden wie Francesco Zuccarelli in Venedig und Anton Raphael Mengs in Rom sich ganz und gar der – damals noch verpönten und für minderklassig gehaltenen – Landschaftsmalerei verschrieben. In ihr »verschmolz er in eindrucksvoller Weise die nordische Landschaft mit der Vision des Südens«, wie es in einer Kunstenzyklopädie heißt. In den zeitgenössischen Berichten und Memoiren wird er meist als »armer Wilson« apostrophiert, denn obwohl er viele Nachahmer fand und 1768 Mitbegründer der Royal Academy wurde, ging es ihm sein Leben lang finanziell schlecht – als Landschafter war er um eine volle Generation zu früh geboren.

Abgesehen davon, daß Wilson – und das als Brite! – anscheinend nicht aquarelliert hat (und es geht in Munros Abendakademie ausschließlich um Zeichnung und Aquarell), glaube ich nicht an seinen Einfluß auf Turner, wie er oft angegeben worden ist. Wilsons dekorativ lapidare Landschaften, einst unter-, heute, zumindest in englischer Sicht, überschätzt, lassen gerade das vermissen, was die beiden Jugendlichen an Cozens so begeisterte: das Romantische oder, sagen wir lieber, das Vorromantische, das malerisch mit dem Atmosphärischen – und daher mit dem Wetter! – zu tun hat.

Darin ist Girtin, zunächst wenigstens, Turner voraus. Man sieht es, wenn man die Ergebnisse ihrer Reisen nach Nordwales miteinander vergleicht. Girtin durchwandert die pittoreske Gegend im Sommer 1798, Turner im Herbst des folgenden Jahres – alle jungen Londoner Maler sind in der schönen Jahreszeit unterwegs, um Eindrücke in der Natur zu sammeln. Girtin sieht Nordwales mit den Augen Cozens': die Berge von Wolken verhangen, die Flüsse und Seen im plötzlichen Sonneneinfall aufleuchtend, ganz britisch, mit einem deutlichen Hang zur Einfarbigkeit. Turner, damals besonders mit klassischer Thematik befaßt, sucht bewußt dieselben Orte auf, die sein Freund gezeichnet hat, zeichnet sie häufig von genau der gleichen Ansicht, nutzt aber die Landschaft ganz anders, metaphorischer, als eine Art von Sinnbild für historische oder mythologische Hintergründe.

So eng beide befreundet sind, so verschieden sind sie auch. Girtin, nur zwei Monate älter als Turner, ist ein offener, lebenslustiger, aufgeschlossener Optimist, kommunikativ und betriebsam, ganz anders als sein schwerblütiger, mißtrauischer, scheuer Freund. Als er sich von Dayes übervorteilt glaubt – nicht ganz zu Unrecht weigert er sich, dem Architekturzeichner Schulgeld zu zahlen, sondern hält seine Mitarbeit an den Zeichnungen für eine genügende Kompensation –, wird er ins Schuldgefängnis geworfen, welches er, so zumindest Thornbury, alsbald mit Landschaften verziert. Das ruft einen seiner Gönner, den Earl of Essex, herbei, der ihn auslöst und auf seinem luxuriösen Landsitz Cashiobury, wo Girtin einige seiner berühmtesten Aquarelle malt, verwöhnt. Ein Hans-im-Glück, wie es scheint, und ein charmanter Bruder Leichtfuß. Wie er

Turner bewundert, bewundert Turner ihn. Vor einer der von der Farbe Gelb dominierten Zeichnungen Girtins soll Turner zum Sammler Chambers Hall gesagt haben:

»Nie in meinem ganzen Leben könnte ich solch eine Zeichnung machen; ich hätte jederzeit meinen kleinen Finger dafür gegeben, solch eine Zeichnung zustande zu bringen.«

Die warmen (optimistischen) Braun- und Ockertöne Girtins tauchen bei Turner erst viel später, am Ende seines Lebens, auf. Den Vorsprung, den er hat, kann Girtin allerdings nicht nutzen. Nach einer langen Krankheit, wahrscheinlich Tuberkulose, stirbt er am 9. November 1802, erst 28 Jahre alt, tief betrauert von seiner Frau (mit einem Kind), seinem Schwiegervater, einem angesehenen Goldschmied, der noch jahrelang danach von seinem Schwiegersohn nur mit Tränen in den Augen spricht, vom betroffenen Turner, von der ganzen Kunstwelt.

Eine gewisse Entfremdung zwischen beiden dürfte allerdings schon eingetreten sein, als Girtin seine »Sketching Society«, seine Zeichengesellschaft, gründete. Man traf sich alternierend in den Wohnungen der Mitglieder und illustrierte gemeinsam den Ausspruch eines englischen Dichters – zehn Amateure, Sammler, Kunstenthusiasten und Berufskünstler. Turner sollte eigentlich der elfte sein, aber er hat bereits seine Geheimnisse und zieht es vor, in stiller Zurückgezogenheit zu arbeiten.

Girtin starb in Rom, im Haus seines Bruders James, wurde aber in London in St. Paul's, Covent Garden, beigesetzt. »Er war ein Mann der Gesellschaft«, umreißt ihn Thornbury, »und er lebte nicht allein für seine Kunst. Er war kein Enthusiast der unbedingten Art wie Turner.« Turner war anderer Ansicht, wovon sein bereits zitierter Ausspruch zeugt, er hätte vermutlich verhungern müssen, wenn Girtin gelebt hätte. Es ist jedoch müßig, zu mutmaßen, wie Girtins weiterer Werdegang verlaufen wäre. Um die romantische, atmosphärische, vom Wetter bestimmte Landschaft durchzusetzen, bedurfte es wohl eben jener pessimistisch gefärbten Unbedingtheit Turners. Girtin ging wahrscheinlich das Leben vor der Kunst. Bei Turner rangierte allemal die Kunst vor dem Leben.

Dayes, eben jener Lehrer Girtins, der diesen ins Gefängnis

werfen ließ, sagte einmal über Turner, im Gegensatz zu seinem aufsässigen Schüler:

»Diesen Menschen muß man wegen seines Werkes lieben, denn seine Person ist nicht sehr eindrucksvoll und seine Konversation alles andere als brillant.«

Das scheint zugleich so etwas wie eine Quintessenz, die sich quer durch alle zeitgenössischen Äußerungen zieht. Turner, der übrigens immer älter aussah, als er war, galt als klobig, im Umgang schwierig; als Person war von ihm abzuraten, obwohl man ihn ganz allgemein für einen bedeutenden Künstler hielt. Die Haltung ihm gegenüber bildet eine merkwürdige Mischung aus lächelnder Überheblichkeit und ehrfurchtsvoller Bewunderung. Leicht hat Turner es nicht gehabt, und leicht hat er es auch sich – und den Zeitgenossen – nicht gemacht.

Am 11. Dezember 1789 wird er, 14jährig, in die richtige, die Königliche Akademie aufgenommen. Ihr bleibt er eng verbunden, solange er lebt. Beinahe könnte man sagen, daß sie an ihm Mutterstelle vertreten hat. Im Gegensatz zur Pseudoakademie Munros konnte sie ihm jedoch wenig beibringen. Ruskin hat es noch härter formuliert:

»Sie hat Turner nichts gelehrt, nicht einmal das eine, was sie ihn hätte lehren können – den mechanischen Prozeß wohlgeratener Ölmalerei, nämlich die richtigen Hilfsmittel und dauerhafte Farben. Turner wurde von Anfang an in einen aufgezwungenen, unnatürlichen Irrtum getrieben. Sorgfältig auch nur jede gewöhnliche Hilfe ausschließend, die zu einem Erfolg hätte führen können, hat die Akademie das, was sie ihn hätte lehren müssen, nie gelehrt, indem sie den einfachen und richtigen Gebrauch der Ölfarbe vor ihm verschloß; aber gleichzeitig war sie sehr rigoros im Beschneiden seiner Vorstellungen von bildnerischer Wahrheit, seiner Fähigkeit zur Innovation und der ihm eigenen Motivwahl. Es blieb ihm nichts anderes übrig, als den rechten Weg durch Trotz zu finden; und die vornehmste Bedingung für seine Fortschritte im Lernen lag in seiner Begabung, rasch zu vergessen.«

Ein hartes, aber wohl nicht einmal ungerechtes Urteil. Andererseits ist Turner, ist seine Familie stolz darauf, daß er von der

Royal Academy mit einem Stipendium angenommen worden ist. Er fühlt sich dort wohl, obgleich er lange Zeit von klassischen Gipsen abzeichnen muß, was er haßt. Wichtig sind aber die ersten Erfolgserlebnisse: Vom 16jährigen nimmt die Royal Academy, die ihrem Schüler das Ölmalen vorenthält, immerhin ein Aquarell, den erzbischöflichen Palast in Lambeth darstellend, für die Jahresausstellung 1790 an, und 1793 erhält er den Preis für Landschaftszeichnung der Society of Arts. Im übrigen konnte man, wenn auch ungewollt, einem Charakter wie Turner kaum etwas Besseres antun, als seinen Trotz zu wecken.

Denn vom Beginn seiner Karriere an ist der äußerlich so ungelenke und hilflos stotternde junge Mensch von seiner Begabung, ja von seinem Genie überzeugt und keineswegs bereit, sich irgendwelchen fremden Zwängen zu unterwerfen. Gestützt von seinem Vater entwickelt der Handwerkersohn ein eigenes Selbstbewußtsein. Er ist es gewohnt, Steine, die man ihm in den Weg legt, eigenhändig wegzuräumen. Sein mißtrauischer Blick verrät einen wachsamen Oppositionsgeist. Da Landschaftsaquarelle und Stiche nach Zeichnungen in der öffentlichen Wertschätzung weniger gelten (und auch weniger Geld einbringen) als Ölgemälde, wird sein Ehrgeiz nicht rasten, ehe er sich nicht notfalls selbst das Ölmalen beigebracht hat; so groß seine Erfolge, die er schon früh mit Landschaftsaquarellen und Drucken nach Zeichnungen erzielt, auch sein mögen.

Die ersten Erfolge hat Turner bereits in seiner akademischen Lehrzeit. Daß er und Girtin für die kommenden Meister gehalten werden, spricht sich herum, als sie noch Studenten sind. Die Royal Academy befindet sich übrigens damals nicht am heutigen Ort in Piccadilly, sondern im Somerset House am Strand, mit der stattlichen Fassade zur Themse hin, dort, wo heute – genau gesagt: seit 1817 – Waterloo Bridge sie überquert. Das ist nicht weit von Covent Garden; die Straße Strand läuft, in Fleet Street übergehend, direkt auf die St.-Pauls-Kathedrale zu.

Im selben Jahr, in dem Turner in die Royal Academy als Schüler aufgenommen wird, unternimmt er eine Fußreise zu seinem Onkel, der früher in Brentford wohnte. Er lebt jetzt in Sunningwell bei Abingdon, nicht weit von Oxford. Die gotischen Türme der alten Universitätsstadt liegen in Sichtweite; der junge Maler zeichnet sie in sein Skizzenbuch, das erste von vielen, die er heimbringen und bis an sein Lebensende aufbewahren wird. Es dient zugleich als eine Art von Musterbuch, denn Thomas Hardwick, der Architekt, der St. Paul nach dem Brand von 1795 nach den Originalplänen Christopher Wrens wiederaufbauen soll, hat bereits aus dem Oxford-Skizzenbuch bei dem 14jährigen, den er für die Hintergründe seiner Entwurfszeichnungen beschäftigt, eine ausgeführte Zeichnung bestellt. Hardwick, auf den im übrigen die entscheidende Empfehlung Turners an die Akademie zurückgehen dürfte, kauft auch die erste Version jenes erzbischöflichen Palastes in Lambeth, deren Zweitfassung die Akademie 1790 als erstes Werk ihres neuen Schülers ausstellt.

Die Royal Academy gibt es zu dieser Zeit noch nicht lange. Sie war erst 1768 gegründet worden. Professionelle Künstler wurden im England des 18. Jahrhunderts zuvor auf privaten Malschulen ausgebildet wie diejenigen, die Turner bereits besucht hatte. Eine Reihe von arrivierten Malern, Bildhauern und Architekten tat sich damals zusammen, um im Zeichen erstarkenden britischen Selbstbewußtseins für eine Instanz zu sorgen, die die bildenden Künste in Großbritannien zu fördern imstande war. Das sollte durch zwei Dinge geschehen: eine gut organisierte Kunstschule, in der ausgewählte, begabte Schüler kostenlos von geeigneten Lehrern, ausnahmslos ausübenden Künstlern, Unterricht erhalten, und eine Jahresausstellung. Die erste Aufgabe endet 1857, sechs Jahre nach Turners Tod, als die Schule abgespalten wird und nach South Kensington zieht; zunächst in die Räume des späteren Victoria & Albert Museum. Ab 1897 führt sie als Royal College of Art ein Eigenleben. Die Jahresausstellungen wurden seit 1769 bis heute kontinuierlich durchgeführt. Zu Turners Zeit stellen sie den einsamen Höhepunkt im britischen Kunstleben dar. Jedes Mitglied darf sechs Arbeiten einreichen (jeder andere Künstler, gleich welcher Nationalität und welchen Wohnorts, drei). Damals kommen alljährlich rund 10000 Bilder, Zeichnungen, Aquarelle, Plastiken zusammen, aus denen dann von einer Kommission – exakt gesagt von zweien, nämlich einer Auswahl- und einer Hängekommission – rund 1500 Arbeiten ausgewählt werden. Es bedeutet schon eine hohe Ehre, mit seinen Werken in die Jahresausstellung der Royal Academy zu gelangen, und es lohnt sich meist auch finanziell, denn die neuen Sammler, die es in England gibt, kaufen, wenn sie überhaupt in England kaufen, fast ausschließlich aus dieser Ausstellung, deren Bilder und Plastiken durch die Rezensionen der Zeitungen und Zeitschriften im ganzen Land besprochen und dadurch bekannt werden. Den Künstlern wird übrigens der volle Kaufpreis ausgezahlt. Die Akademie darf nicht, wie ein Kunsthändler oder Galerist, Prozente nehmen.

Dabei führt der Name »Königliche Akademie« ein wenig in die Irre. Den Gründern kam es zwar auf offizielle Anerkennung an; sie brauchten sozusagen das Siegel des Königs. Zugleich achteten sie jedoch auf Autonomie. Georg III. hatte am 10. Dezember 1768 die Gründungsurkunde unterzeichnet und das Statut aufgesetzt, auch die ersten 34 Mitglieder berufen; er hatte sich sogar zum »Patron, Schirmherrn und Förderer« ernannt, aber ansonsten regiert seither der jeweilige Monarch traditionell nicht in die Künstlerrepublik hinein. Er subventioniert sie auch nicht. Nur während der ersten elf Jahre nach der Gründung unterstützte Georg III. die Akademie aus seiner Privatschatulle. Seitdem erhält sie sich finanziell selbst und ist immer stolz auf diese Unabhängigkeit gewesen, die es ihr sogar erlaubt hat, eine eigene Kunstsammlung anzulegen – als kostbarstes Stück darunter das frühe Rundrelief Michelangelos – und karitativ zu wirken. Der König oder die Königin muß sich nur mit der Berufung des Präsidenten und anderer leitender Persönlichkeiten einverstanden erklären.

Die direkten Mitglieder sind auf 40 beschränkt. Aus ihnen wird im Rotationsverfahren der Rat erstellt, die Auswahl- und die Hängekommission, zu Turners Zeiten auch die Lehrer der Kunstschule. Rechte und Pflichten von Rat, Sonderkomitees, Generalversammlung und Verwaltung, auch Art und Weise der Zuwahlen sind seit damals genau geregelt. Im Laufe der über 200 Jahre hat es nur zwei Änderungen gegeben. Die eine schuf 1769 gleichsam als Zwischeninstanz die Klasse der nicht vollberechtigten Mitglieder (»Associates«), die in manchen Komitees und in der Zuwahlkommission sozusagen die Rechte der Nichtmitglieder wahrnimmt. Die zweite Änderung erfolgte 1918 und betrifft die über 75jährigen Mitglieder, die seither keine Funktionen im Korpus der Akademie mehr ausüben dürfen.

Auf das R. A., das jedes Mitglied hinter seinen Namen setzen darf, sind Generationen von Künstlern stolz gewesen, sogar auf die merkwürdige »Papageienabkürzung« für den Associate, A. R. A., die doch zumindest die Anwartschaft auf eine frei werdende Vollmitgliedsstelle verkündet. Das reicht bis an die Schwelle des 20. Jahrhunderts, in dem die Faszination der Akademie – und die Qualität ihrer Mitglieder – allerdings erheblich abgenommen hat. Aber damals galt diese Institution, der jedes neue Mitglied ein repräsentatives Werk von eigener Hand schenken muß, als höchste Kunstinstanz in Großbritannien.

Wir haben sie so ausführlich geschildert, weil Turner in ihr ein gut Teil seines Lebens verbringt. So unkonventionell er ist in seinen Umgangsformen, so sehr bildet gesellschaftlich die Royal Academy für ihn das einzige akzeptierte feste Gerüst. Der Jahreskreislauf mit den Ausstellungsvorbereitungen, den Wahlen, der Vollversammlung und den üblichen Banketten ist sein Jahreskreislauf; ihm ordnet er sich unter, nach ihm richtet er, wenn es irgend geht, seine Reisen und sonstigen Verpflichtungen. Hier lebt er als Künstler unter Künstlern, hier wird er, trotz seiner mitunter krausen Reden, akzeptiert. Hier fühlt er sich, der Einsame, geborgen, auch wenn er seinen künstlerischen Weg geht, ohne auf irgendwen, und sei es die Akademie, Rücksicht zu nehmen. Seit er auf ihr ausgebildet worden ist, hat Turner die Akademie als seinen Club, sein Lebenselixier, seine eigentliche Umwelt, seine Heimat, wohl sogar sein Zuhause betrachtet. Er war, um in seiner Biographie vorzugreifen, 49 Jahre lang Mitglied und hat nur viermal, 1815, 1821, 1824 und 1851, nicht an der Jahresausstellung teilgenommen, kleinerer Streitereien wegen oder, am Ende, krankheitshalber. Einstweilen ist er noch Student. Die Lehrzeit dauert vier Jahre. Sie ist, wie wir aus Ruskins Worten gesehen haben, schon damals nicht unumstritten. Der Unterricht scheint von Anfang an wenig kreativ gewesen zu sein und hat sich in der reinen Lehre vergangener Kunststile und deren

Kopie erschöpft. Es dürfte nicht einmal übertrieben sein, wenn man sagt, daß die Schüler – jedenfalls Girtin und Turner – auf den altmodischen, überkommenen Akademien, die solchen Namen kaum verdienen, mehr gelernt haben als in diesem von Anfang an den lebendigen Künsten hinterdreinhinkenden Institut. Daß Turner sich ausgerechnet in ihm so wohl gefühlt hat, ist eigentlich erstaunlich und verweist auf seine Kontaktarmut, die er gespürt und an der er gelitten haben muß.

Als er in die Malschule der Akademie eintritt, steht ihr noch der erste Präsident vor, Joshua Reynolds, der große Porträtist seiner Zeit. Es war beinahe selbstverständlich bei seinem künstlerischen Rang, daß er gewählt – und daraufhin geadelt – wurde, obwohl der König grollte. Georg III. zog andere Maler, unter ihnen Gainsborough, vor; sein Hof hat kein einziges Bild von Reynolds erworben.

Der Maler stammt, wie Turners Vorfahren, aus Devon, dem Land der Abenteurer und Sturköpfe, was vielleicht die gegenseitige Sympathie erklärt. Seit 1760 lebt er, der nie geheiratet hat, in seinem berühmten Haus am Leicester Square, das ihm seine Schwester Frances führt. Der rot ausgeschlagene achteckige Raum, in dem er malt (und in dem ein Claude Lorrain und ein Diego Velázquez hängen), sieht nur selten Maler zu Gast. Der Akademiepräsident zieht die Gesellschaft von Literaten vor; Samuel Johnson, Oliver Goldsmith, Edmund Burke heißen seine engsten Freunde. Nur hin und wieder dürfen einige ausgewählte Akademieschüler bei Reynolds kopieren. Auch Turner hat behauptet, zweimal bei Reynolds am Leicester Square gearbeitet zu haben, was heutige Biographen aus mir nicht ganz einsichtigen Gründen anzweifeln (sie waren schließlich nicht dabei). Doch sei dem, wie ihm sei: Schwankend in seinem Geschmack und bedrängt von vielen, allzu vielen Rivalen wie Wilson, Ramsay, Cotes und Gainsborough, bemüht sich Reynolds um eine an Rembrandt angelehnte dramatische Anwendung von Licht und Schatten (was ihm Turners Bewunderung sichert), versucht sich jedoch auch als Historienmaler (was ihm Blakes fortdauernde Verachtung einträgt). Lawrence Gowing hat von ihm gesagt, er habe »in England jenen Traum der Historienmalerei« geschaffen, »der sich als bemerkenswert beharrlich erwies und unheimlich regelmäßig in einen Alptraum verwandelte«. Turner fördert er, wie sich Reynolds überhaupt als ein redlicher und gründlicher Akademiepräsident erweist. Jahr für Jahr hält er seine *Discourses*, seine *Abhandlungen*, die auch seiner Prosa kein schlechtes Zeugnis ausstellen. In der 14. *Abhandlung* zeigt er sich besonders liberal und überlegen – sie behandelt Gainsborough, den Maler, der all das verkörpert, was er, Reynolds, mißbilligt.

Er weist sich insbesondere durch mangelhafte Maltechnik aus. Um zum Beispiel einen Effekt wie bei Tintoretto oder Tizian zu erreichen, setzt er transparente Glasuren auf monochrome Untermalungen, aber das Karminrot, das er für seine Fleischtöne benutzt, verbleicht schon zu seinen Lebzeiten und schafft jene überblassen Gesichter, die für ihn kennzeichnend geworden sind. Ob Turner bei dem liebenswerten, langsam erblindenden Mann technisch viel hat lernen können, steht dahin. Immerhin lehrt Malton die Perspektive und Sandby das Aquarellieren. Das erste lernt Turner allerdings nie perfekt, will es wohl auch gar nicht; das zweite beherrscht er längst ebenso gut, wenn nicht besser als sein Lehrer.

Sobald Präsident Reynolds unterrichtet, ist alles, was Beine und Kunstsinn hat, zur Stelle. Einmal versammeln sich im Somerset House so viele Lehrer, Schüler und Gasthörer, daß der Fußboden einstürzt. Eine Panik bricht aus. Wir wissen nicht, wie Turner reagiert hat. Sir Joshua bleibt ungerührt auf seinem Stuhl sitzen, und als man ihn fragt, was er in diesem Augenblick gedacht habe, antwortet er:

»Ich dachte, daß, wenn wir hier alle in diesem Saal zugrunde gehen, die Kunst in England um 500 Jahre zurückgeworfen würde.«

Ein stolzes Wort, kennzeichnend für den Geist der Royal Academy in ihren Anfangsjahren. Bewundernswert lapidar sind auch Reynolds letzte Worte:

»Alle Dinge auf Erden haben ein Ende, und dies ist das meine.«

Von Reynolds hat Turner selbst in späteren Jahren immer nur bewundernd gesprochen. Gelernt hat er wohl mehr beim Kopieren sowie dem Ergänzen von Wolken, Bäumen und Vordergründen auf Amateur- und Architektenzeichnungen, was er beides auch während seiner Lehrzeit eifrig weiterbetreibt. Zu unserem Erstaunen sehen wir ihn, den Schüler, sogar schon als Lehrer – für eine halbe Krone pro Stunde – an anderen, kleineren Malschulen. Er lernt auch auf Reisen in die englische Provinz, deren erste ihn, wie wir gesehen haben, nach Oxfordshire geführt hat. Von dort bringt er sogar Aufträge nach Hause, die er mit großer Sorgfalt ausführt, für den *Oxford Almanach* oder den Verleger Harrison in Paternoster Row. Fleißig, geschäftstüchtig und handwerklich schon in jungen Jahren beinahe perfekt, macht er sich erstaunlich rasch einen Namen. Hatte die Generation zuvor die heimische Landschaft entdeckt und gleichberechtigt neben die italienische, französische, deutsche gestellt, so rücken ihr jetzt junge Maler zu Leibe, halb noch Schüler, halb schon Meister. Auf jeden Fall verstehen sie es besser als ihre Vorläufer, die Konjunktur, die eingesetzt hat, zu nutzen. Ihnen allen voran der noch nicht 20jährige William Turner.

Die britischen Reisen

Turner in jungen Jahren wird von Thornbury beschrieben als langhaarig, unordentlich gekleidet und schon mit jenem merkwürdigen Gang behaftet, der alle Zeitgenossen so sehr an einen Seemann oder Schiffsjungen erinnert. Dabei zeigt das einzige Selbstporträt, das wir von ihm besitzen, sein letztes, um 1798 gemalt, einen relativ kurzgeschorenen, drahtigen (sowie nahezu modisch angezogenen) 23jährigen, an dem nur die dicken, sinnlichen Lippen und die übergroße Nase auffallend sind. Seit Reynolds' Tod (1792) soll Turner, mit Ausnahme dieses kleinen Bildes, keine Porträts mehr gemalt haben. Er konzentriert sich auf die Landschaft, und zwar zunächst die englische.

Der junge Maler erobert sie auf spartanische Weise. Er legt bis zu 40 Meilen täglich zu Fuß zurück, mal nachts, mal über Tage wandernd. Wind, Regen, Hagel und Sturm kümmern ihn nicht, im Gegenteil, im Schutze des schon damals ständig mitgeführten Regenschirms skizziert und aquarelliert er auch und vor allem bei schlechtem Wetter, für das er sein Leben lang eine Vorliebe behält. Es entspricht seinem Temperament mit der tief pessimistischen Grundhaltung und auch seiner Vorstellung von Malerei mehr als ein auf die Dauer langweiliger, malerisch unergiebiger blauer Himmel.

Die zweite Reise oder Fußwanderung führt ihn wieder nach Westen und – Turner ist 16 – wiederum zu einem Freund seines Vaters, John Narraway, nach Bristol. Er streift auch durch Malmesbury und Bath und bringt sein zweites Skizzenbuch heim mit auffallend vielen dramatischen Naturereignissen wie Regen oder Gewitter.

Dann braucht er keine Onkel oder Freunde der Familie mehr als Zielpunkt. Er wandert darauflos, am liebsten allein, nur selten von einem Freund oder Malerkollegen begleitet, und nimmt mit jeder Unterkunft vorlieb. Nicht gerade verwöhnt, übernachtet er in Ställen oder im Freien, im Herbst 1792 in Südwales, 1793 in Kent, das er sechs Wochen lang mit dem Kupferstecher Bell durchstreift. Die beiden sollen Zeichnungen zu einem Landschaftswerk beitragen, das ein Mr. Walker plant und an dem sich auch Girtin beteiligen will, der mit seinen 18 Jahren schon fast eine Berühmtheit – und, jedenfalls nach Turners Begriffen, reich – geworden ist. 1794 geht es in die Midlands und in den Peak District, 1795 auf die Isle of Wight, wieder nach Südwales und über Salisbury zurück, 1797 nach Schottland und in den Lake District, 1798 und 1799 nach Nordwales – das alles zu Fuß, emsig die Landschaften und, wie die Skizzenbücher zeigen, auch schon vor allem die Beleuchtung, das Licht festhaltend.

Die Aquarelle, die er daheim, zunächst noch in Maiden Lane, nach diesen Skizzen malt, werden meist in die Jahresausstellungen der Akademie aufgenommen und erhalten enthusiastische Kritiken. Das Aquarell *Querschiff des Klosters Ewenny,* 1797 ausgestellt, findet ein zeitgenössischer Kritiker »gleichrangig mit den besten Bildern Rembrandts«.

Zu diesem Zeitpunkt hat er in der Akademieausstellung des Jahres 1796 bereits – eine gebührend hervorgehobene und publizierte Sensation – das erste Ölbild gezeigt. Finberg will herausgefunden haben, um welches Bild es sich da gehandelt haben muß (aus dem Titel geht es nicht eindeutig hervor): um jenes heute als *Fischer auf See* bezeichnete Gemälde, das 1972 von der Tate Gallery erworben werden konnte und das im Œuvreverzeichnis der Gemälde nunmehr konsequenterweise die Nr. 1 führt.

Dieses Bild, das sofort ein General Stewart erwirbt, über den nicht das geringste bekannt geworden ist, verrät eine bereits bemerkenswerte und ganz erstaunliche Sicherheit im Umgang mit Ölfarben. Von Bell wissen wir, daß Turner im Laden seines Vaters und, von diesem angeregt und unterstützt, schon eine Weile in dem für ihn neuen Medium experimentiert hat. Die erste Probe, die er von seinem selbsterworbenen Können zeigt, überzeugt augenblicklich Kollegen wie Kritiker, obwohl sie im Aquarellraum der Ausstellung hängt und im Katalog nicht mit jenem heißbegehrten Stern versehen worden ist, der »herausragende Arbeiten« verspricht.

Die *Fischer auf See,* obwohl in der Form genauer Bestandsaufnahme à la Loutherbourg gemalt (und von diesem auch kompositorisch abhängig), nehmen in manchem bereits den ganzen Turner vorweg. Schon hier läßt er den Betrachter, wie später so oft, direkt in die Lichtquelle, einen von ausgezackter schwarzer Wolkendecke umgebenen, dennoch kreisrunden und vollen Mond blicken. Auch besteht der Hauptinhalt des Bildes weder aus jenem sich schwer nach Backbord neigenden Boot in der Bildmitte noch im zweiten Boot weit rechts im tieferen Schatten oder den gefährlich aufragenden Klippen der Insel Wight im Hintergrund, sondern einzig und allein aus Licht. Kalt und weiß fließt es über die aufgeregten Wellen, ballt sich in den Tälern zu grellweißen Flächen, zersprüht auf den Kämmen in unzählige Partikel, die auf dem gleichfalls eiskalten Grünblaugrund der See flirrend in Bewegung gehalten werden. See, Meer, bewegte Wasser sind in der Malerei schon oft elementar festgehalten worden, vor allem von den Holländern, aber selten oder nie zuvor in derart engem Zusammenspiel mit Lichteffekten, die wie ein eigener abstrakter Körper die Gesamtkonzeption durchziehen. Im Kontrast zu ihnen leuchtet im zentralen Fischerboot das warme, rötliche Licht einer Laterne auf, deren Schein fast zaghaft vom Wasser an der unmittelbaren Bootskante widergespiegelt wird. Dieser einzige warme Ton im gesamten Gemälde gibt ihm so etwas wie einen Mittelpunkt, ähnlich irreal wie alles, was Turner an rasch Vergänglichem im nächsten halben Jahrhundert sinnbildlich einfangen wird.

Er ist erst 20, und seine Ölmalerei zeigt schon deutlicher als seine Aquarelle das Vermögen, Bekanntes und Altvertrautes ganz anders auszudrücken, als es bisher einem Maler gelang. Licht und Atmosphäre rücken, der zunächst beibehaltenen Dinghaftigkeit zum Trotz, weit in den Vordergrund. Über dem herkömmlichen Realismus liegt, fast wie ein Schleier, eine zweite sichtbare Welt gebreitet aus Stimmung, Gestimmtheit, Symbolik. Die romantische englische Landschaft ist geboren. Sie besteht, genaugenommen, in der Hauptsache aus Wetter.

Was früher entweder überhaupt nicht oder bestenfalls am Rande vorhanden war, wird zum bestimmenden Faktor des Bildinhalts. Die Betrachter begreifen die Wandlung auffallend rasch, denn die Gemälde des jungen Malers haben fast explosiv Erfolg; man muß aber bezweifeln, ob sie die Konsequenzen, die diese Entdeckung nach sich ziehen wird, übersehen. Diese sind dann auch nur in Ausnahmefällen akzeptiert worden. Mit anderen Worten: Turners Eroberung von Neuland wird in den ersten Ansätzen von Beifall begleitet. Je weiter er jedoch vordringt – und welcher Pionier könnte oder wollte auf halbem Weg stehenbleiben? –, desto weniger Kunstinteressierte (das Wort Rezipienten ist ja, gottlob, noch nicht erfunden) werden ihm folgen. Der Beifall ist bald ganz verstummt.

Aber da haben wir wieder vorgegriffen. Zwei Jahre nach den *Fischern auf See,* 1798, nimmt man schon, obwohl das, strenggenommen, gegen die Satzung verstößt, elf Arbeiten von Turner in die Jahresausstellung der Akademie auf, vier Ölbilder und sieben Aquarelle. Darunter befindet sich *Buttermere Lake,* ein Gemälde, das trotz oder wegen einer gewissen Pathetik schon eine nahezu vollendete Meisterschaft in der Behandlung der Ölfarben verrät. Es hat viele Interpreten an Beethovens *Pastorale* erinnert.

Turner selbst verweist auf James Thomson, den Vorromantiker des 18. Jahrhunderts, einen seiner Lieblingsdichter. Seit diesem Jahr wird es den Einsendern gestattet, ihre Bilder mit erklärenden Texten zu versehen, die im Katalog abgedruckt werden. Turner unterlegt in Zukunft seinen Bildern vorwiegend Verszitate inzwischen klassischer Dichter. Wie genau er in der Literatur Bescheid weiß, zeigt dieses frühe Beispiel aus den *Jahreszeiten*: Die fünf ausgewählten Zeilen stellen eine Verschmelzung mehrerer Lesarten der Blankversdichtung Thomsons dar. Später wird der Maler auch Verse aus dem eigenen Gedichtepos, mit dem er sein Leben lang ringt, auswählen, den *Fallacies of Hope,* den *Täuschungen der Hoffnung*.

Die Landschaft um Buttermere Lake, die Turner im Vorjahr durchwandert hat, liegt im Norden, in Cumberland. Sie ist allerdings auf seinem Bild nur zu ahnen. Dargestellt ist ein gewaltiger Regenschauer, der auf den See und die ihn umgebenden Berge herabprasselt, ein Naturereignis. Der Vordergrund versinkt in braunschwarzem Schatten, die Berge werden von graubraunen Wolken nahezu ausgewischt. Nur mit einem glänzend weißen Fleck, der die Augen blendet, blitzt die Sonne zwischen zwei Gipfeln durch die dichte Decke. Ein schneeweißer Regenbogen stößt vom dunklen Gebirge wie ein gerundeter Pfeil auf den See herunter, den nur in der Mitte jähes Sonnenlicht trifft. Das Ganze wirkt, trotz eines gemächlichen Ruderboots im Vordergrund (mit dessen beiden Insassen man ungern tauschen möchte), wie eine wilde abstrakte Komposition aus Wetter, Wolken, Dunst, Wasser, Bergen, Licht und Widerschein, aus reiner, freier Farbgestik.

Turner, stets mit der Vergangenheit und der Gegenwart sich im Wettkampf empfindend, hat damit seine Zeitgenossen gleichsam im ersten Anlauf überrundet. Sandby und Cozens sind nie zum Ölbild vorgestoßen, auch Girtin und die meisten anderen Schüler wie John Varley und Peter de Wint beschränken sich weiterhin auf das Aquarell. Ölmalerei wird an der Akademie nicht gelehrt; für viele Absolventen liegt sie außer Reichweite wie das große Los im Lotteriespiel. Es kennzeichnet Turners Eigensinn und Behauptungswillen, daß er, um beim Vergleich zu bleiben, mit unbeugsamem Willen zum Jackpot greift. Er wagt und gewinnt.

Die Karriere, die er macht, ist selbst für heutige Begriffe atemberaubend. Er wird noch während seiner Ausbildung zu einem der meistgeschätzten und meistzitierten englischen Maler. Kaum ist sie vollendet, macht man ihn, am letzten Tag des scheidenden Jahrhunderts, zum A. R. A. und zwei Jahre später, 1802, dem Todesjahr Girtins, zum Vollmitglied.

Es hagelt Bestellungen. Drucker und Verleger, die sich auf den neuen Landschaftsboom geworfen haben, ordern Zeichnungen, Vorlagen für Stiche; Lord Malden und Richard Colt Hoare, der Londoner Bankmagnat und Herr auf Stourhead, kaufen Aquarelle, auch Edward Lascelles, der Bischof von Ely, fast die ganze etablierte Sammlerelite Großbritanniens findet sich ein.

1799 lädt ihn William Beckford (der den armen Cozens krank in Neapel zurückließ) zu sich nach Fonthill, wo Turner im August und September drei Wochen bleibt, den Besitz zeichnet und mit wohlgefüllter Geldtasche zurückkehrt. Wenige Monate zuvor, im April, hat er ein Angebot Lord Elgins abgelehnt, ihn nach Athen zu begleiten, weil ihm die Bezahlung zu gering erschien. Den Druckern und Verlegern von Erzeugnissen wie *Copper-Plate Magazine* oder *Pocket Magazine,* die von ihm Landschaften und Städteansichten haben wollen, müssen ebenfalls bald tief in die Tasche greifen. Turner ist ein hart handelnder Geschäftsmann. Schon 1798 erzählt er seinem Lehrer und Gönner Joseph Farington, daß er mehr Aufträge habe, als er zu bewältigen imstande sei, und 1799 gehen bei ihm – wir wissen es aus derselben Quelle – allein 60 Vorbestellungen auf Zeichnungen oder Aquarelle »von den verschiedensten Leuten« ein. Farington, ewiger Drahtzieher hinter den Kulissen der Akademie, hat an Turner, um es burschikos auszudrücken, einen Narren gefressen. Er hilft, wo er kann, und dürfte auch für die frühzeitige Berufung als Vollmitglied verantwortlich sein. Sie gelingt übrigens erst im zweiten Anlauf, einerseits, weil die ehrenwerten Mitglieder des Instituts nicht alle der Meinung Faringtons sind – Benjamin West, ein höchst mittelmäßiger, in Pennsylvania geborener Porträt- und Historienmaler, den Lord Byron »Europas größten Kleckser« nannte und der gleichwohl 1792 die Nachfolge Reynolds' als Akademiepräsident antrat, hält Turners Arbeiten, auch die Girtins, für »manieriert« –, andererseits, weil Turner 1801, beim ersten Versuch, noch nicht einmal das vorgeschriebene Mindestalter von 24 Jahren erreicht hat.

Farington empfiehlt übrigens seinem jungen Günstling, die Konjunktur nach Kräften zu nutzen und soviel Geld wie möglich für schlechtere Tage zurückzulegen. Der gutgemeinte Rat löst in Kollegen- wie Schülerkreisen herzhaftes Gelächter aus. Turner Aufmerksamkeit in Gelddingen und äußerste Sparsamkeit ans Herz zu legen heißt Eulen nach Athen oder, wie man im Englischen sagt, Kohlen nach Newcastle zu tragen.

Auch im privaten Leben stellt Turner sich auf eigene Beine. 1802 – da ist die Mutter bereits zwei Jahre in »Bedlam« – zieht er endgültig in die schon vor zwei Jahren als Atelier gemietete Wohnung in der Harley Street. Er hat auch eine Geliebte, Sarah Danby, deren Mann John, ein Komponist von Tafelliedern, im Mai 1798 gestorben war. Turner sorgt für sie und ihre vier Kinder, ohne mit ihr, einer noch relativ jungen Schauspielerin und Sängerin, jemals zusammen zu ziehen. Ihr erstes gemeinsames Kind wird bald darauf geboren: Evelina.

Von Sarah Danby wissen wir wenig. Viele Biographen haben sie mit ihrer buckligen und schwerhörigen Nichte Hannah verwechselt, die dem Maler später den Haushalt führte, eine Zweckverwechslung wohl, um Turner auch in dieser Beziehung einen »schlechten und proletarischen Geschmack« nachsagen zu können.

Lassen wir die Beziehung im Privaten, in der Turner selbst sie belassen sehen wollte. Was den Kundenkreis betrifft, der sich bei ihm einfindet, so dürfte dieser ebenfalls kennzeichnend sein für die georgianischen Zeitläufte. Er besteht weniger aus den herkömmlichen Sammlern, also dem Adel, als aus der nachrückenden Schicht, den zu Wohlstand gekommenen Bankiers, Maklern und Kaufleuten. 1803 kauft Walter Fawkes aus Farnley Hall in Yorkshire die erste von über 60 Arbeiten, welche er 1821 besitzt, als er seine Sammlung stolz der Öffentlichkeit präsentiert. Fawkes wird vom Käufer zum Freund, Turner vom Geschäftspartner zum gerngesehenen Gast, den besonders die Kinder des Hauses lieben.

Eine aristokratische Ausnahme bildet Lord Egremont, der 1802 zwei Seestücke Turners erwirbt. Nach dem Tode von Fawkes zieht es den Maler nach Sussex, wo George O'Brien, 3. Earl of Egremont, sein Haus Petworth, von Turner so oft gemalt, fast immer voller Gäste hat, meist hochgestellte Adelspersonen und Künstler. Egremont, selbst Exzentriker, schätzt den angeblich kauzigen Maler wegen des gesunden Menschenverstands, der sich hinter dessen Ungelenkheit verbirgt. Auf Petworth wird Turner, wohl zu seinem eigenen Erstaunen, sogar zu einem guten und gewandten Gesellschafter (wozu er eine vertraute Umgebung braucht, in der er geschätzt wird). In dem eigens für ihn eingerichteten Atelier im Obergeschoß des Herrenhauses arbeitet er oft monatelang, in Ruhe gelassen, wenn er will, im Familien- oder Freundeskreis willkommen geheißen, wann immer ihm danach sein mag.

England hat Turner so gut wie durchreist. 1802 wird der englisch-französische Krieg zeitweilig durch den Vertrag von Amiens beendet und somit eine Reise nach Paris, in den Louvre mit den von Napoleon allenorts geraubten europäischen Kunstwerken, möglich. Turner unternimmt seine erste Reise auf den Kontinent – die rauhe Überfahrt verarbeitet er zu einem seiner besten frühen Seestücke, *Calais Pier* – und begibt sich auf den Spuren seines Vorbilds Cozens in die Schweiz. Montblanc, Gotthardpaß, Rheinfall bei Schaffhausen, wieder alles, der von Farington und seinem Vater anempfohlenen Sparsamkeit halber, zu Fuß.

1804 zeigt er trotz intensiver Arbeit und vieler unterwegs gezeichneter Skizzen in der Jahresausstellung der Akademie nur zwei Ölgemälde und ein einziges Aquarell. Der Grund: Er hat sein Haus, Harley Street 64, um einen großen Galerieraum erweitert, in dem er seine erste Einzelausstellung veranstaltet.

Das ist neu in England und erregt alsbald Aufmerksamkeit. Vorbilder für ein derartiges Vorgehen gibt es zwar in Frankreich, aber diesseits des Kanals haben nicht einmal Kapazitäten vom Schlage eines Reynolds oder Gainsborough ähnliches gewagt. Eine eigene Galerie, in der ein Maler seine eigenen Werke verkauft! Die Preise sind überdies gepfeffert. Sir John Leicester hat berichtet, wie er mehrfach vergeblich in der Harley Street vorstellig wird, um den *Schiffbruch* von 1804 zu erwerben, was ihm erst nach buchstäblich einjährigem Feilschen 1805 – zum Preis von 400 Guineas, einer damals unglaublich hohen Summe – gelingt. Immerhin besitzt Leicester acht Ölbilder Turners, als er 1819 in London eine eigene Galerie eröffnet.

Die Galerie Turners dürfen wir uns nicht als eine nach heutigem Maßstab vorstellen. Der große Anbauraum, der zur Queen Anne Street hinausgeht, muß, zeitgenössischen Berichten zufolge, eher einer Gerümpelkammer ähnlich gesehen haben als einem Museum. 20 oder 30 Ölbilder stehen, meist mit der Vorderseite zur Wand, herum, nur wenige sind gehängt (und diese zudem schief). Das Ganze wirkt merkwürdig acht- und lieblos. Auf zwei Tischen stapeln sich Blätter mit Zeichnungen, ungeordnet aufeinandergetürmt. Das Dach scheint nicht ganz dicht, mitunter regnet es hinein. Es sammeln sich später dicke Schichten von Staub und Spinnweben auf Papier und Leinwänden. Ein Chaos. Ein rasch berühmtes allerdings. Und ein lukratives. Ist Turner nicht da, durch die Akademie (oder Sarah Danby) abgehalten, auf Reisen oder zu Gast bei Freunden wie Fawkes oder Egremont, hält sein Vater Stall- oder vielmehr Galeriewache. Das Friseurgeschäft hat dieser 1795 aufgegeben, in der Hauptsache, weil er Perückenmacher ist und Perücken – nicht zuletzt einer von den Tories eingeführten Pudersteuer wegen – aus der Mode kommen. Jetzt dient er dem Sohn als eine Art von Faktotum und lernt als erstes, Leinwände zu grundieren, dann die fertigen Gemälde zu firnissen, was er, handwerklich sorgsame Arbeit gewohnt, gern und zur Zufriedenheit verrichtet.

»Mein Vater beginnt und vollendet meine Bilder«, hat Turner einmal in einem Anfall von guter Laune bei einem Bankett der Royal Academy geäußert.

Seine Adresse lautet jetzt, obwohl sie sich nicht geändert hat, Queen Anne Street 47; der Nebeneingang zur Galerie wird zum Haupteingang erklärt, vermutlich weil ein königlicher Straßenname besser klingt als ein bürgerlich benannter. Wohnung, Atelier und »Galerie« in der Queen Anne Street behält er auch, als er, immer mit dem Vater als treuem Kameraden und Helfer im Schlepptau, zunächst seinen Hauptwohnsitz themseaufwärts verlegt, nach Hammersmith und schließlich nach Islington, wo er sich provisorisch einmietet, weil er auf einem inzwischen erworbenen Grundstück in Twickenham nach eigenem Entwurf ein Haus baut. Da ist Turner 36 Jahre alt.

Häuser gehören ihm zwar bereits einige – die meisten werden lukrativ an Inhaber von Gastwirtschaften, Inns oder Pubs verpachtet –, aber hier verschafft er sich und seinem Vater endlich privaten Raum. Letzterer sorgt fortan nicht nur für Küche, Keller, Grundieren und Firnissen, sondern auch für die geschäftlichen Angelegenheiten. Käufer treffen jetzt auf einen fast noch härteren Händler als Geschäftspartner.

Sandycombe Lodge, wie es zu Turners Zeit aussah.

Das Haus, ursprünglich »Solus Lodge« benannt (solus – lateinisch: allein), ist als »Sandycombe Lodge« 1813 von Turner Vater und Sohn bezogen worden. Früher tatsächlich einsam inmitten von Wiesen und Weiden nahe dem Themseufer gelegen, hat es sich inzwischen in eine – freilich heute noch relativ stille – Vorstadtstraße einreihen müssen, in die Sandycombe Road. Noch immer sieht man im Garten die Umrisse des Teichs, in dem Turner seine gefangenen Forellen hielt. Sie verschwanden allnächtlich, denn will man Thornbury glauben, hatten mißgünstige Nachbarn ihm einen Hecht hineingesetzt.

Turner und sein Vater waren wohl überhaupt nicht sehr beliebt in der Gegend. Fischer, die den Maler zum Skizzieren auf der Themse herumruderten, monierten, daß er die mitgeführte Flasche allein austrank, ohne aus ihr einen Schluck anzubieten. Auch schätzte er – typisch großstädtisch – die heute noch auffallend zahlreich im Gärtchen nistenden Amseln und jagte nestraubende Dorfjugend weg, die sich revanchierte, indem sie ihm – der unerschöpfliche Thornbury! – »Old Blackbird«, »Olle Schwarzdrossel«, nachrief.

Als ich das Haus in Augenschein nehmen durfte, bewohnten es, wie heute noch, die Livermores. Sie haben alles so gelassen, wie es zu Turners Zeiten war, und vieles wiederhergestellt. Man sieht noch die kiloschweren Fensterbarrikaden (Turner hatte beständige Furcht vor Einbrechern), die seltsamen Mauernischen für die Farben, allerdings auch für die scharfgebrannten Sachen, denen weder der Maler noch sein Vater abgeneigt gewesen sein sollen. Da führt noch dasselbe flache Geländer ins Obergeschoß, und bis auf eine einzige zerbrochene Scheibe wird das enge Treppenhaus, das sich schneckenartig emporwindet, noch immer von jener Rosette aus farbigem Glas erhellt, die Turner selbst entworfen hat. Sie bildet den einzigen architektonischen Schmuck. Alles andere ist karg und schmalbrüstig, selbst das Atelier mit den allerdings übermannshohen durchbrochenen Fenstern und seinem Ausblick auf den Richmond Hill, wo Turner so oft gemalt hat, heute noch einer der schönsten Aussichtspunkte auf die gewundene Themse. Obwohl alles relativ klein ist, wird es doch von Licht durchflutet. Anscheinend konnte nicht nur der Maler es

Plakette an Sandycombe Lodge.

einfangen wie kein anderer, sondern auch der Architekt, der nur ein einziges Mal in Tätigkeit getreten ist.

Ein wenig mühsam muß es gewesen sein, in die Stadt und die von ihm verwaltete Galerie in der Queen Anne Street zu gelangen. Von seinem Geiz haben wir mehrfach gesprochen. Turner senior hat deshalb eine Abmachung mit Gärtnern und Bauern der Umgebung, die auf die Märkte in der großen Stadt fahren und ihn gegen ein mäßiges Entgelt – oder einen Schluck aus der Flasche, wie ihn der Sohn den Ruderern verweigert – aufsitzen und mitfahren lassen.

Turner selbst hat es nicht so einfach: Kartoffel- und Gemüsewagen kommen doch wohl nicht mehr in Frage. Er ist seit 1807 immerhin Professor für Perspektive an der Royal Academy, ein Amt, das ihm wenig liegt und das er wohl nur aus reinem Pflichtgefühl übernommen hat. Seinen ersten Kurs gibt er auch erst vier Jahre später, 1811, wie er überhaupt in den 20 Jahren, die er das Amt innehat, nur sechs Vorlesungen gehalten hat, allesamt nahezu unverständlich für die Studenten, weil extrem schlecht vorgetragen, wenn auch erstaunlich gut durchdacht. Turner hat die Vorlesungen später, unter dem Eindruck von Goethes *Farbenlehre,* überarbeitet, um seine neuen Erkenntnisse der Farben und ihrer Reflexion abzuwägen. Die Aufzeichnungen zeigen einen stark ausgeprägten, wenn auch exzentrischen Intellekt: Was Turner sagen will, ist vorzüglich; wie er es sagt, wirkt es umständlich, abgehackt und verschroben. Das gilt sogar für manche seiner Briefe – keineswegs alle –, für die *Fallacies of Hope,* wohl auch für seine Konversation im bürgerlichen und akademischen Leben. Turner war eben ein Augenmensch.

Im selben Jahr, in dem er zum Professor ernannt wird, erscheint die erste Ausgabe seines *Liber Studiorum* (Studienbuches). Den Gedanken hat ihm sein Freund und Drucker William Frederick Wells als Floh ins Ohr gesetzt, derselbe, der auch schon die Idee einer eigenen Galerie für Turner gehabt hat. Was den Maler daran reizt: Er hofft, viel Geld mit einem breit angelegten Mappenwerk verdienen zu können, und außerdem tritt er – erneut – in eine Idealkonkurrenz zum Halbgott der damaligen Kunstauffassung, Claude Lorrain. Lorrain hat eine Skizzensammlung, *Liber*

Blick durch Turners Atelierfenster in Sandycombe Lodge heute.

Veritatis, angelegt, die sich seit 1720 in England im Besitz des Herzogs von Devonshire befindet. Obwohl sie nie zur Veröffentlichung bestimmt war, ist sie, herausgegeben von Richard Earlom, in einer vielbewunderten Prachtausgabe erschienen.

Turner und Wells denken strikt kommerziell. Das Werk, das in Einzellieferungen von je fünf Schabkunstblättern, dunkelblau in Leinen gebunden, erscheint, ist auf 100 Stiche geplant. Bis 1819 sind jedoch nur 81 Blätter gedruckt, als Turner das Unternehmen – er fungiert selbst als Verleger – wegen mangelnden Interesses der Subskribenten aufgeben muß. Dabei hatten sich die Vorbestellungen – 130 Bezieher – zunächst ganz gut angelassen. Geplant war so etwas wie ein Grundlagenwerk, das Turners Ideen über Landschaftsmalerei gleichsam aus der Praxis heraus erklären und umreißen sollte. Wenn Reynolds *Abhandlungen* verfaßt hatte, wollte Turner sein Konzept in sechs Abteilungen beispielhaft vorlegen: Historie, Idyllik, Elegante Idyllik, Berge, Meer und Architektur lauten die »Kapitel«, für die er zum Teil Stiche nach eigenen Gemälden, aber auch neue Entwürfe nach alten und neuen Skizzen verwendet. Ein graphisches Kredo.

Die Arbeit am *Liber Studiorum,* die nach der 14. Lieferung abgebrochen wird, und die folgenden Arbeiten an weiteren Mappenwerken wie den *Ansichten von England und Wales* oder *Ansichten der Südküste* (für die Turner in Zukunft einen Verleger das Risiko tragen läßt) verlangen neue Reisen, nicht zum Kontinent, sondern in England, Schottland, Wales. Sie verbindet Turner meist mit einem Aufenthalt bei den Freunden, die er durch seine Kunst gewonnen hat, Fawkes in Yorkshire, Egremont auf Petworth (das ist bequemer, billiger und lukrativer – viele Ölbilder sind auf diese Weise entstanden und in den alten Schlössern oder Landsitzen verblieben, gegen Bezahlung auf Heller und Pfennig, wie sich versteht). Aber Turner wandert auch noch im Mannesalter. 1811 bricht er noch einmal auf in die westlichen Grafschaften, durchquert Dorset, Somerset, Devon, bis hin ins ferne Cornwall nach Land's End, wo das Land tatsächlich zu Ende ist. 1813 geht es erneut nach Devon.

Britische Landschaft ist die Grundlage von allem bei Turner, Grundlage seiner Kunst, seines Arsenals von Themen und Motiven in Form seiner Skizzenbücher, auch Grundlage seines Vermögens. Noch 1831 reist er nordwärts, um in Schottland zu skizzieren, weil er eine Ausgabe der Gedichte und Balladen Walter Scotts mit Illustrationen versehen soll. Scott selbst, der ihn ein paar Tage in sein skurril-eklektizistisches Haus am Tweed in Abbotsford einlädt, scheint keinen sehr günstigen Eindruck von Turner gewonnen zu haben, wenn auch, wie fast alle Zeitgenossen versichern, keineswegs einen falschen: »Dieser Mann«, so Scott, »würde für Geld alles tun.«

Das ist allerdings nur bedingt richtig und müßte ergänzt werden durch: »im Rahmen seines künstlerischen Gewissens«. Im übrigen ist es nicht nur das Geld, das Turner derartige topographisch-illustrative Aufgaben übernehmen läßt; ihn treibt auch der Ehrgeiz. Es sind diese Druckerzeugnisse, die seinen Namen nicht nur in Großbritannien, sondern auch in Frankreich, Italien, Deutschland, in der Welt erst so recht bekannt machen. Nur wenige können damals nach Originalen urteilen, die sie irgendwo auf teuren Reisen gesehen haben. Seine Haupteindrücke erhält man in Sammlungen, Museen, bei Kunsthändlern und in Kupferstichkabinetten anhand derartiger Publikationen, die sich bei Laien und Fachleuten großer Popularität erfreuen.

Finbergs Werkkatalog zählt nicht weniger als insgesamt 832 Radierungen, Stahlstiche, Aquatinta- und Schabkunstblätter auf, nicht gerechnet die Vignetten und Illustrationen, die Turner Büchern beigab, so Werken von Scott, Lord Byron und Samuel Rogers. Finberg deklariert die Graphik ausdrücklich als »nach Turner« gefertigt und nicht von ihm, was auch korrekt ist.

»Den Begriff der ›Originalgraphik‹, der erst etwa 1860 als künstlerischer Maßstab akzeptiert worden ist«, erklärt Henning Bock, der Direktor der Berliner Gemäldegalerie, »darf man auf Turners Graphik nicht anwenden. Damals interessierten nur Erfindung und Komposition, Ausführung und guter Druck, nicht aber Originalität der künstlerischen Handschrift.«

Die handwerkliche Ausführung übernehmen damals eigene Stecher, deren es eine Fülle gibt, gute und schlechte, teure und billige, Könner und Scharlatane; sie bilden einen eigenen Berufsstand. Der Umgang Turners mit ihm wäre ein eigenes Kapitel wert.

Da dreht es sich natürlich zunächst einmal um das liebe Geld. Kein Stecher, mit dem der Maler darüber nicht in Streit geraten wäre. Mit seinem Namensvetter Charles Turner, einem der besten und begehrtesten Stecher seiner Zeit, überwirft er sich, weil dieser – horribile dictu! – für unvorhergesehene Extraarbeiten, Korrekturen vor allem im nachhinein, bezahlt werden will. Obwohl die beiden einander im Umkreis der Akademie häufig begegnen, wechseln sie 19 Jahre lang kein Wort miteinander. Mehr Zank und Streit gibt es jedoch um die Qualität der Arbeit. Turner stellt höchste Anforderungen und moniert die kleinste Kleinigkeit, die ihm nicht bestens gelungen vorkommt. Beinahe möchte man sie bedauern, so brave Leute wie Charles George Lewis, Samuel William Reynolds, Robert Dunkarton, Thomas Lupton, William Say, George Dawe und andere, die alle die Stecherelite eines auf Graphik versessenen Volkes ausmachen. Turner wechselt von einem zum anderen, ist mit manchen befreundet, mit den meisten verkracht. Denn vormachen kann man ihm nichts. Die graphischen Techniken beherrscht er so gut wie diese Meister, wenn nicht besser. Charles Turner, ein unverdächtiger Zeuge, hat berichtet, wie es dem Maler mühelos gelang, aus einem Tag- ein Nachtstück zu machen, aus der Sonne einen Mond. Nie ist er zufrieden, stets überarbeitet er noch die schon reproduktionsfertigen Platten, hier einen Baum korrigierend, dort einen Grashalm, mit bissigen Bemerkungen nicht sparend und immer darauf bedacht, den Preis zu drücken. In der Branche wird nichts eifriger kolportiert als Anekdoten über den Geiz und die Pedanterie William Turners.

Handwerklich-technisch sind alle diese Graphiken entsprechend von höchster Qualität. Künstlerisch reichen sie über das dekorative Schmuckblatt – freilich solches der allerersten Stufe – nur selten hinaus. Sie sind immerhin besser als das meiste, was sonst produziert wird, und das *Liber Studiorum* ist darüber hinaus interessant durch das theoretische Gerüst im Hintergrund und damit durch den stetigen Vergleich mit seinen Ölbildern und

Aquarellen. Das Blatt *Norham Castle* zeigt übrigens in realistischer Manier kompositionell bereits das vorweg ausführlich interpretierte späte Gemälde gleichen Namens – die Burg am Tweed war einer von Turners Lieblingsorten, die er immer wieder aufsuchte und zeichnete. Sogar die Kuh im Vordergrund ist schon vorhanden, ganz exakt ausgeführt freilich in Paulus-Potter-Weise. Dem Erneuerer und Verwandler Turner begegnet man in dieser Druckgraphik nicht; dem Vollender schon eher.

In Twickenham, draußen an der Themse, in seinem neuen Haus, entsteht – übrigens ein Jahr nach dem gleichfalls eingangs erwähnten Bild der Alpenüberquerung Hannibals mit dem Yorkshire-Gewitter – das Meisterwerk seiner Frühzeit, das ihn als vollendeten Vollender erweist, der *Frostige Morgen*. In der Ausstellung der Royal Academy 1813 erscheint es wiederum mit einem Vers aus Thomsons *Jahreszeiten* im Katalog: »Der strenge Rauhreiffrost schmilzt unter seinem Strahl.«

Das Bild ist eines der naturalistischsten, die Turner je gemalt hat, jede Einzelheit scheint wie abphotographiert. Trotzdem besteht es ganz und gar aus Atmosphäre, in diesem Fall aus jener Eiseskälte kurz vor Sonnenaufgang, die alles wie erstarrt erscheinen läßt. Ein schwacher gelber Schimmer, der hinter dem nebelverschwommenen Horizont eher erahnt als sichtbar wird, läßt auf baldige Erlösung hoffen. Aber noch liegen die tiefen Furchen im ausgefahrenen Feldweg links, das trockene überjährige Gras, die vereisten Pfützen im Vordergrund unter Reif, hartgefroren alles, selbst, wie es scheint, der grauweiße Himmel, der weit über die Hälfte des Bildes einnimmt und dessen fahle Farbe auf die untere, dunkle, frostdurchtränkte Landschaft zurückstrahlt. Fünf Personen sind, auf dem Weg zur Winterarbeit, zufällig zusammengetroffen, bilden aber keine Gruppe, sondern bleiben, ebenso zufällig, über den ganzen Bildraum verteilt. Dazu gehören auch zwei Pferde, das eine vor einen Karren gespannt. Die Tiere soll Turner nach seinem eigenen kümmerlichen Pferd porträtiert haben, einem Mittelwesen zwischen Roß und Pony. In dem kleinen Mädchen, die einen von ihrem Begleiter (Vater?) geschossenen Hasen um den Hals trägt, wollte ein Zeitgenosse ein Kind wiedererkennen, dem er in Turners Galerie in der

Queen Anne Street mehrfach begegnet war. Da es auch in der *Furt durch den Teich (Crossing the Brook*, 1815) auftaucht, einem weiteren Hauptwerk jener Zeit, hat man daraus geschlossen, es handele sich um Evelina, die erste seiner beiden Töchter mit Sarah Danby.

Der *Frostige Morgen* ist ein dörfliches Bild, aber keine Pastorale. Die Härte der Malerei entspricht der Härte der Natur. Thomas Hardy, der Dichter, hatte in seiner Kindheit in Dorset erlebt, daß in strengen Wintern die Tiere erfroren und die Vögel tot von den Bäumen und Hecken fielen. Er wurde böse, wenn jemand die Schönheiten des Winters pries. Mit diesem Bild hätte er seine Abneigung (und Erfahrung) illustrieren können.

Nimmt man den zum *Colour Beginning* drängenden Turner als den Fortschrittlichen, bedeutet *Frosty Morning* gegenüber *Buttermere Lake* und *Hannibal überquert die Alpen* zweifellos einen Rückschritt. Aber so wird man Turners Entwicklung nicht gerecht. Bei ihm liegt das eine im anderen beschlossen. Es gibt keine Wende, keinen Antagonismus, keine schizophrene Gestaltungsweise. Wer genau hinsieht, erkennt das Wesentliche, den Schleier des Lichts, schon in seinen frühesten Landschaften. Was soll an seiner Malerei verändert sein, wenn er sich auf diesen Schleier beschränkt? Ein Vorgang der Komprimierung, weiter nichts für ihn. Er merkt nur, daß die Leute eine solche Komprimierung nicht sehen, nicht goutieren, nicht haben wollen, und er reagiert darauf je nach Laune, mitunter im Trotz, mitunter indem er das Bild oder das Aquarell entweder nicht zeigt oder eben weitermalt. Er gerät nicht durch kühle Überlegung, durch das Gehirn in die Nähe landschaftlicher Abstraktion, sondern durch seine Hand, durch Vollblutmalerei. Wie später Paul Cézanne sieht er Landschaft so, mit Maleraugen, nicht anders. Wenn andere sie nicht so sehen, ist das seine Sache nicht, sondern ausschließlich die ihre. Es gibt keine zwei Turners. Es gibt noch nicht einmal einen faustischen Maler mit womöglich zwei Seelen in der Brust (das wäre deutsch gedacht). Es gibt nur einen einzigen, der Erfolg haben und zugleich ehrlich bleiben will – einen sehr englischen Maler. Wie seine Zeitgenossen überschätzt er den ausländischen Anteil auch an seiner Art der Malerei und unterschätzt den heimischen. Er glaubt, von Lorrain zu kommen, aber er kommt von Cozens, Wilson, Reynolds. Er stammt weder aus der Toskana noch aus Arkadien, sondern von der Themse.

Auf die britischen Reisen folgen die zum Kontinent, besonders nach Italien, wo die Zitronen blühen und, nach allgemeinem Einverständnis der gebildeten Europäer, die Kunst zu Hause ist mit allen ihren Musen.

Nach Italien

Je länger man sich mit dem soliden, aber nicht eben inspirierten Finberg befaßt, desto mehr sehnt man sich nach einem leichtfertigen Biographen wie Thornbury – und umgekehrt. So verschieden beide sein mögen, ziehen sie doch, was Italien betrifft, an einem Strang. Den »Umbruch« Turners von einem Maler des 18. in einen Romantiker des 19. Jahrhunderts verlegen sowohl Finberg als auch Thornbury nach Venedig. Aber das ist zweifelhaft. Venedig hat zwar eine große Rolle in Turners Werk gespielt – welch andere Stadt bietet auch schon derart vielfältiges Licht mit allen möglichen Brechungen und Nuancen? Aber ein Umbruch, eine Wandlung, eine Wende erfolgt dort nicht. Im Gegenteil, Turner benutzt die Stadt eher als eine Art von Camouflage, hinter der er sein Vorpreschen in die Moderne verborgen hält. Die überragenden Gemälde, die er von Venedig malt, entstehen nur sehr selten dort; sie werden meist daheim nach den Kurzschriftaufzeichnungen im Skizzenbuch gemalt, häufig sogar unter freiem Himmel in Twickenham. Am Flußufer lehnt er die Leinwände gegen den »Sommerhaus« genannten Bretterverschlag, wo sie mitunter wochenlang stehen bleiben, sogar wenn es regnet oder schneit. Einem Freund, der verwundert fragt, wie man unter derartigen Umständen arbeiten könne, antwortet Turner, Licht und Raum seien irreale Dinge (absurdities), und ein Bild könne man überall malen. Man hat die Authentizität dieses Ausspruchs, wie alles von Thornbury Überlieferte, angezweifelt, aber am Ende hat ihn Turner in der Praxis bewiesen.

Wie der Maler in jungen Jahren durch fast ganz England gewandert ist, bereist er später ebenso eifrig den Kontinent; zum erstenmal begibt er sich, wahrscheinlich in Begleitung seines Freundes Walter Fawkes, von Farnley Hall 1802 nach Frankreich (Louvre) und in die Schweiz. Dann kann er erst 1817 wieder über den Kanal setzen, als die Napoleonischen Kriege vorbei sind; da treibt es ihn zunächst nach Belgien und Holland, anschließend rheinaufwärts von Köln nach Mainz. Im folgenden Jahr entstehen bereits die ersten italienischen Blätter, ohne daß Turner Italien gesehen hätte. Für die Illustrationen von James Hakewills Buch *Picturesque Tour in Italy* nimmt er Skizzen des Autors als Vorlage.

Zum erstenmal nach Italien gelangt Turner von Februar bis August 1820: Turin, Como, Venedig, Rom, Neapel und zurück über Florenz, Turin und den Paß am Mont Cenis.

Am Mont-Cenis-Paß gerät er in einen Schneesturm, die Postkutsche überschlägt sich, eine gefährliche Situation. Sie soll sich merkwürdigerweise am selben Ort 1829 wiederholen; Turner hält sie beide Male in seinem Skizzenbuch fest. Er hat inzwischen auch Frankreich bereist, Paris, Rouen, Dieppe (1821), noch einmal Holland, den Rhein, Belgien sowie Maas, Mosel, Loire und die Bretagne (1825 beziehungsweise 1826).

Aber nicht jedes Jahr kann er weg. Von 1819 bis 1821 beaufsichtigt er den Umbau seiner Galerie und Wohnung in der Queen Anne Street (Handwerkern muß man auf die Finger sehen); im nächsten Jahr fährt er zu Schiff nach Schottland, um den Staatsbesuch Georgs IV. festzuhalten, obwohl er keinen offiziellen Auftrag hat. Den hat er im darauffolgenden Jahr: Der König wünscht von ihm für den St.-James-Palast ein monumentales Bild der Seeschlacht von Trafalgar (es hängt heute im Maritime Museum von Greenwich). Man sieht ihm die Mühe und den vielen Ärger an, den es Turner gekostet hat, ja auch alle Rahen, Masten, Topps und Segel der vielen Kriegsschiffe wirklichkeitsgetreu und nach den Vorstellungen der Veteranen auf die Leinwand zu bringen (das Bild wird trotzdem heftig kritisiert). Auch der Osten und Südosten Englands reizen ihn erneut, ebenso die Isle of Wight, die er 1827 mit John Nash, dem Städteplaner, besucht. Erst ein weiterer Illustrationsauftrag für ein Italienbuch aber wird Anlaß zur nächsten Italienreise. In der Hauptsache geht es nach Florenz und Rom, dann nach Loreto, Ancona, Bologna, Turin und über den verhängnisvollen Mont Cenis zurück. Auf dem Heimweg wird Lyon besucht.

Trotz fleißiger Arbeit an Bildern und Aquarellen (welch letztere sich immer noch besser absetzen lassen als Ölgemälde), trotz vieler brav erfüllter Illustrationsaufträge und seiner Obliegenheiten an der Akademie ist Turner viel unterwegs, unermüdlich skizzierend, Landschaft und Licht in sich aufsaugend und ständig um die Zeche feilschend. Als er im Alter einen Reisebegleiter benötigt, bestellt er, diesem zufolge, in den Wirtshäusern stets nur eine einzige Mahlzeit, von der beide satt werden müssen.

Noch zweimal geht es nach Venedig, 1835 von Paris kommend (da besucht er auch Berlin, Dresden, Prag und Wien) sowie 1840 mit Stationen in Rotterdam, München und Coburg, woher der Prinzgemahl der jungen Königin Viktoria stammt, Albert.

Coburg und das Schlachtfeld von Waterloo (daher auch Turners relativ häufige Belgienbesuche) sind damals Hauptreiseziele englischer Touristen. Mit wenigen Ausnahmen, zu denen der englandversessene Fürst Pückler zählt, sind es fast ausschließlich Briten, die vor dem Eisenbahnzeitalter die Welt bereisen. So etwas wie Pauschaltouren gibt es zwar noch nicht, wohl aber gewisse Hilfsmittel, die man den devisenbringenden Englishmen in den großkarierten Mänteln zur Verfügung stellt. Auch die meisten Hotels und Gaststätten an den bevorzugten Orten in der Schweiz, am Rhein, in Heidelberg und in Italien sind fast ganz auf sie eingestellt. So kommt es, daß auch Individualreisende wie Turner sich – freiwillig oder gezwungenermaßen – nach bestimmten Gegebenheiten richten müssen und immer wieder dieselben Städte und Landschaften aufsuchen.

Eine andere Theorie hat Ann Livermore entwickelt, jene Bewohnerin der Sandycombe Lodge, in der ich das Vergnügen hatte, Turners 210. Geburtstag zubringen zu dürfen. Sie hat 25 Jahre darauf verwendet, die exakten Routen der Reisen Turners zu verfolgen, und ist dabei auf die merkwürdige Tatsache gestoßen, daß sich der Maler anscheinend strikt an die Wege gehalten hat, die lange vor ihm Daniel Defoe gereist ist. Da ihr Buch bislang nur in Portugiesisch erschien, einer Sprache, der ich nicht mächtig bin, muß ich eine derartige Möglichkeit dahingestellt sein lassen. Ob Turner aus Hochachtung für Defoe, der schon 1731 starb, die gleichen Reisestraßen wählte wie dieser oder sich nach den Gegebenheiten des erwachenden Tourismus seiner eigenen Tage richtete, mag auch so wichtig nicht sein. Auf jeden Fall glich, allen britischen Bemühungen zum Trotz, eine derartige Fahrt vor dem Beginn des Eisenbahnzeitalters immer noch mehr oder weniger einer Expedition. Sie kostete viel Zeit, viel Geld und war unter anderem auch mit großer Anstrengung verbunden. Außer den bereits erwähnten Zielpunkten hat Turner bis zum Ende seines Lebens mehrfach die Schweiz (1836, 1841, 1842 und, zum letztenmal, 1844) und den Rhein (mit Aufenthalten in Rheinfelden und Heidelberg, 1844) besucht. Sein letzter Aufenthalt auf dem Kontinent führt im September/Oktober 1845 von Dieppe in die Picardie.

Frankreich und die Schweiz sind, wie man sieht, Turners häufigste Reiseziele. Frankreich liegt geographisch nahe, da lohnen auch kürzere Aufenthalte. Die Schweiz bietet Landschaften dramatischer Art, wie sie Turner liebt, mit Lawinen, Schneestürmen, hochaufgetürmtem Gestein und schwindelerregenden Brücken, was alles er eifrig skizziert, in seinem Werk verarbeitet, auf seine Weise festgehalten hat.

In der Aufzählung der Schweizer Naturereignisse stehen die Lawinen nicht ohne Grund an erster Stelle. Ob Turner jemals eine Lawine gesehen hat, ist zweifelhaft. Fasziniert haben sie ihn schon früh, so auf zwei Bildern von Loutherbourg, das eine davon – noch heute – auf Petworth befindlich. Aber gegen dessen rutschende Schneemassen wirkt Turners erste Lawine *(The Fall of an Avalanche in the Grisons – Fall einer Lawine in Graubünden,* auch *Hütte, von einer Lawine zerstört* genannt) wie ein Donnerschlag. Der ganze Berg scheint aufgerissen, riesige Felsbrocken wirbeln durch die Luft, von der weißbläulichen Masse mitgerissen, deren tödliche Gewalt in den spitzen Formen zersplitternder Bäume oder Hölzer ebenso deutlich wird wie in der zerfetzten Lawinenoberfläche mit ihren Kratz- und Spachtelspuren. Eine Todeslandschaft voller Höllengetöse. Turner hat dieses Bild nach seinem ersten Aufenthalt in der Schweiz gemalt und es 1810 in der

Akademie, dann sofort in seiner eigenen Galerie ausgestellt, aber nie verkauft. Es gehört von vornherein zu jenen Hauptwerken, die das von ihm geplante Erbe als Geschenk an die Nation ausmachen soll. Übrigens hatte 1808 eine Lawine, die bei Selva in Graubünden niederging, tatsächlich in einer einzigen Berghütte 25 Menschen getötet.

Daß Turner trotzdem zu Übertreibungen neigt, steht außer Frage. Der St. Michael's Mount nahe Marazion in Cornwall ist nicht so hoch und so steil, wie er ihn 1834 gemalt hat, eine wahre Gralsburg; so viele Menschen, wie er auf seinem *Heidelberg*-Bild 1840–45 versammelt, können auf dem schmalen Vorsprung der Gartenterrasse nicht Platz gefunden haben; der Campanile von Venedig ist so schlank wie auf seinem Bild von 1840 nie gewesen. Aber die Wirklichkeit ist ihm immer nur Anlaß für Malerei. Er sucht nicht den Abklatsch der sichtbaren Welt, wie ihn schlechte Künstler anstreben, er will zum Grund der Dinge vorstoßen, vor allem jener stetig sich verändernden. Er malt auch das statisch Vorhandene, das anscheinend Festgefügte als unbeständig in seiner Substanz, wie einen Teil der allgemeinen Vergänglichkeit. Es gibt wenige Bilder von Turner, die nicht auch ein Memento mori enthalten. Wir haben eben die unzähligen Menschen gesehen, die auf der Heidelberger Schloßterrasse versammelt sind. Ihre weich umrissenen Figuren und ihre historischen Gewänder deuten ebenfalls auf Vergangenes. Sollte es sich, ähnlich wie auf manchen Venedigbildern, um Verstorbene handeln? Venedig wirkt bei Turner überhaupt – »Auch das Schöne muß sterben« – wie eine Nänie, eine Totenklage.

Korrekturen, die das Wirkliche noch wirklicher machen, sind unter diesen Umständen nicht nur erlaubt, sondern geradezu erforderlich. Eine weitere Lawine stellt er 1837 unter dem etwas umständlichen Titel *Schneesturm, Lawine und Überflutung – eine Szene aus dem oberen Aostatal in Piemont* aus. Das Ölbild, heute in Chicago, ist nach einigen Aquarellskizzen entstanden, die er im Vorjahr gemacht hat, auf einer Reise in Begleitung seines Freunds und Gönners Hugh Andrew Johnstone Munro, den man nicht mit dem Irrenarzt gleichen oder ähnlichen Namens verwechseln darf. Den Sammler Munro, einen schwermütigen und gefährdeten Mann, hat Turner gleichsam unter seine Fittiche genommen. Er versucht, ihn aufzuheitern und mit allen Mitteln abzulenken, nicht zuletzt durch diese Reise (die Munro für beide bezahlt).

Auf ihr sehen und erleben sie viel zwischen Frankreich und Venedig, ganz sicher aber – es ist Sommer – keine Lawine. Als die Sammlung Munro nach dessen Tod 1878 bei Christie's versteigert wird, heißt es dann auch im Auktionskatalog: »Als die Skizze zu diesem Gemälde entstand, befand sich Mr. Munro bei Turner, der die Hoffnung äußerte, dieser [Munro] möge nicht bemerken, was er da male, denn sonst müsse er Abstand davon nehmen.«

Daß Turner, der sich ohnehin nicht gern bei der Arbeit zusehen ließ, befürchtet, er könne bei einer Übertreibung sozusagen in flagranti ertappt werden, dürfte kennzeichnend sein für seine Erfahrungen im Umgang mit den Menschen. Er traut ihnen, nicht ohne Grund, kein Sehvermögen zu, das hinter der sichtbaren Wirklichkeit die wirklichen – und flirrenden – Umrisse aller Erscheinungen so wahrnimmt, wie er sie wahrnimmt.

Seinen Zeitgenossen fällt das jedenfalls immer schwerer. Ein Kritiker bemängelt, daß im Aostatal-Gemälde die drei aufgezählten Naturkatastrophen für ihn nicht zu unterscheiden seien. Er fügt bissig hinzu: »Ist etwas mit Turners Augen geschehen? Haben die eigenen Farben ihn geblendet?«

Daß Lawine, Überschwemmung und Schneesturm in ein einziges Phänomen, eine Urgewalt von grausamer Schönheit übergehen, stellt in Wahrheit den großen Vorzug dieses Bildes dar und macht, wiederum, seinen eigentlichen Inhalt aus. In Katastrophen verliert man die Übersicht. Man wird zum Spielball der Elemente wie jene Gruppe flüchtender Frauen im Vordergrund, die mit ihrem dekorativen (und ängstlichen) Hund aussieht wie eine – jäh gestörte – Pastorale. Die Natur hat keinerlei idyllischen Charakter mehr wie bei Lorrain. Sie ist vom Wetter abhängig, das bis hin zum Schlagwetter reicht, und die unmerklichen Übergänge zwischen Wasser, Schnee und Fels sind es eben, die die Gefahr besonders deutlich machen. Sie sind auch malerisch das Großartigste an diesem großartigen Bild.

Von Munro wissen wir übrigens, daß Turner die luftigen und unmerklichen Übergänge in seinen Bildern, Aquarellen wie Ölen, mit einem Schwamm erzielt. Munro muß diesen bei Ausflügen mit sich tragen und dem Freund im Bedarfsfall reichen. Es sind immer nur solche Zufälle, die etwas von Turners ungewöhnlicher Arbeitsweise überliefert haben.

Das Land, das er am häufigsten aufsucht, ist jedenfalls die Schweiz. Diese Vorliebe mag aus den Notjahren seiner Jugend stammen: Die meisten Cozens-Landschaften, die er einst in der Abendakademie bei Thomas Munro kopiert hat, stammten von dorther. Konnte der junge Mann mit der Zwei-Shilling-Sixpence-Bezahlung jemals hoffen, einmal selbst vor diesen vielbewunderten Landschaften zu stehen?

Trotzdem mag zutreffen, was so gut wie alle Turner-Biographen behauptet haben und behaupten, daß Italien im allgemeinen, Venedig im besonderen ihn von allen Reiseländern und -städten am tiefsten beeinflußt habe. Wo immer sie – was sie oft tun – hinzufügen »und gewandelt«, würde ich allerdings heftig widersprechen. Daß sich das italienische Licht vom englischen unterscheidet, liegt auf der Hand, auch daß Turners Palette in Venedig einiges vom mittelmeerischen Leuchten dieser Stadt einfängt. Aber das bedeutet noch keine Wandlung. Im Gegenteil: Wenn ihm das südliche Licht, die italienische Landschaft, die Schönheiten der Stadt am Canal Grande zu etwas verholfen haben, dann dazu, noch mehr zu sich selbst zu finden. Und das heißt: zu jenen *Colour Beginnings,* die er aus seiner Handschrift heraus (und aus der englischen Landschaft) längst entwickelt hat.

Der Maler ist zwar häufiger und weitaus länger in Rom gewesen (wo er sogar Ölbilder malt) als in Venedig, aber Venedig zieht sich tatsächlich durch sein spätes Werk wie eine Art Leitmotiv. Da ist zweifellos Fernweh beteiligt. Man hat mitunter den Eindruck, daß sich zur Totenklage die Klage um das verlorene Paradies gesellt.

Schon der 44jährige hat bei seinem ersten Aufenthalt in Italien 1819 nicht weniger als 1500 Bleistiftskizzen in die mitgeführten samt- oder ledergebundenen Notizbücher gezeichnet. Die Bleistiftskizze zieht Turner, je älter er wird, der Aquarellskizze vor, die er nur noch bei seltenen Ausnahmen anwendet, zum Beispiel dem Brand des Parlamentsgebäudes, oder wenn ein Sammlerfreund wie Munro es wünscht. Den Bleistift kann der ungeduldige Maler schneller handhaben als den Pinsel, vor allem wenn, wie er es in Neapel erlebt, der Vesuv eben zur rechten Zeit ausbricht. Turner wagt sich, unermüdlich das wechselnde Schauspiel festhaltend, bis an den Rand des Kraters. Die in Kurzschrift angedeuteten Farben bleiben ihm ohnedies präzis bis hin in die geringsten Nuancen im Gedächtnis. Turner hat für Farben ein nahezu eidetisches Gedächtnis, so wie manche Musiker das absolute Gehör besitzen.

In seinen Bildern taucht Venedig relativ spät auf, in den Akademieausstellungen erst 1833–35. Von diesem Zeitpunkt an allerdings mischen sich nahezu Jahr für Jahr venezianische Ansichten unter die vorwiegend dunklen und schweren englischen oder schottischen Seestücke. Helles, südliches Licht kontrastiert mit nordischer Düsternis.

Das scheint wohlüberlegte Absicht. Wer etwas Bestimmtes erreichen möchte, muß eines Tages ganz konsequent sein und bleiben. Er mag aus Gründen des Geldverdienstes, der Tarnung, der Furcht vor Kritik und Einsamkeit, aus welchen Gründen auch immer, noch eine Weile – zumindest hin und wieder – mit den Wölfen heulen. Der Augenblick, da die Zeit, die noch zur Verfügung steht, einem so etwas nicht mehr erlaubt, rückt unerbittlich heran. Turner verpaßt ihn nicht. Dem Publikum kommt er immer radikaler und unverblümter entgegen und geht am Ende – sagen wir nicht: keine, sagen wir lieber: kaum noch – Kompromisse ein. Er schockiert. Nicht oder nicht nur mit den Venedigbildern, sondern vor allem mit den englischen Landschafts- und Wetterbildern, die der *Fighting Temeraire* folgen. Das zum Abwracken geschleppte Schlachtschiff der Nelson-Flotte findet, als es 1839 auf der Akademieausstellung gezeigt wird, noch einmal allgemeines Lob. Bilder, die uns heute erregen wie *Sklavenhändler werfen die Toten und Sterbenden über Bord* (1840) oder, im selben Jahr, *Raketen und Blaulicht*, stoßen auf absolutes Unverständnis. Die Seenotszene mit ihrer Mischung aus natürlicher und künstlicher

Beleuchtung (Baron Duveen wird es 1910 für die damals sagenhafte Summe von 25000 Pfund Sterling kaufen), veranlaßt selbst seriöse Zeitschriften, in diesem Fall das *Athenaeum,* zu fragen, ob Turner »einen Vorderlader mit Farben gefüllt und auf die Leinwand abgefeuert« habe. Das Gemälde erinnere an eine »verdorbene Leinwand, auf der ein Maler die Hauptfarben ausprobieren wollte«. Ähnlich harsch wird mit einem weiteren Bild der Ausstellung 1840 umgegangen, *Neapolitanische Fischermädchen, beim Baden im Mondschein überrascht.* Nicht die undeutlich umrissenen nackten Mädchen stehen im Mittelpunkt, sondern der Mondschein, der wie Nebel auf Himmel, Fluß und Menschen fällt.

Auch mythologische Szenen, die Turner bisher nach den kompositorischen Prinzipien des vielgeliebten Claude Lorrain zu gestalten pflegte, werden jetzt atmosphärisch durchsetzt, eine *Agrippina landet mit der Asche des Germanicus* oder ein *Cicero vor seiner Villa,* selbst das *Moderne Rom – Campo Vascino* (1839) versinken in lauter Sonnenglast.

Venedigbilder, immer wieder eingestreut, sollen da wohl als besänftigendes Element dienen, ein Ablenkungsmanöver von seinen nordländischen Wetterkatastrophenbildern und seinen südlichen Licht-in-Licht-Orgien, die dem *Athenaeum* reichlich »über-turnered« (out-Turnered) scheinen. Aber die Venedigbilder? Für uns heute bleibt unverständlich, warum auch diese noch topographischen Gemälde weitgehendes Entsetzen erregen. Allerdings haben unsere Augen schon den Impressionismus und dann das Informel hinter sich gelassen, als eine weitere visuelle Möglichkeit all der vielen Möglichkeiten, das Sichtbare dieser Welt – sowie die unsichtbaren Kräfte und Strukturen dahinter – zu begreifen. Turner kommt zu früh, auch greift er weiter vor als Eugène Delacroix, den er 1835 in Paris aufsucht. Es gibt kein hinterlassenes Zeugnis über dieses Zusammentreffen. Worüber mögen die beiden, die den Impressionismus durch ihre Vorläuferschaft erst ermöglichen, gesprochen haben? Über die farbigen Schatten, die Entdeckung des Franzosen? Über atmosphärische, weil wetterbefangene Natur, die Entdeckung des Engländers? Konnten sie überhaupt miteinander sprechen?

Heinrich von Kleists 1805/06 konzipierter kleiner Aufsatz *Über die allmähliche Verfertigung der Gedanken beim Reden* könnte sich in manchem direkt auf Turner beziehen:

»Man sieht oft in einer Gesellschaft, wo durch ein lebhaftes Gespräch, eine kontinuierliche Befruchtung der Gemüter mit Ideen im Werk ist, Leute, die sich, weil sie sich der Sprache nicht mächtig fühlen, sonst in der Regel zurückgezogen halten, plötzlich mit einer zuckenden Bewegung, aufflammen, die Sprache an sich reißen und etwas Unverständliches zur Welt bringen [...] Es ist wahrscheinlich, daß diese Leute etwas recht Treffendes, und sehr deutlich, gedacht haben. Aber der plötzliche Geschäftswechsel, der Übergang ihres Geistes vom Denken zum Ausdrükken, schlug die ganze Erregung desselben [...] wieder nieder.«

Der Übergang von der visuellen und gefühlsmäßigen Ebene auf die sprachlich-didaktische, anderen und bestimmteren Regeln unterworfene, ist es, die Turner nicht immer schafft. Maler und Maler dürften sich dennoch – »irgendwie« und wahrscheinlich über Bilder – verständigt haben.

Mit der Verständigung zwischen Maler und Publikum liegt es bei Turner mittlerweile ebenso im argen. Es ist vorstellbar, daß er zwei Venediganansichten, eine Seufzerbrücke sowie einen Blick auf Santa Maria della Salute vom Canale della Giudecca 1840 als Besänftigung gedacht hat für die *Sklavenhändler* und die beim Mondscheinbad überraschten Mädchen. Daß diese Bilder provozieren würden, muß er vorausgesehen haben.

Die *Sklavenfänger,* 28 Jahre in Ruskins Besitz, ehe er sie verkaufte, weil er den dauernden Anblick der schrecklichen Geschehnisse nicht ertrug (das Bild befindet sich heute in Boston), ist ein Zeichen auch des gesellschaftlichen Engagements Turners. Einen Monat nach der Akademieausstellung hält die Anti-Sklaven-Liga eine wichtige Konferenz in London ab. Sie wird von Prinz Albert eröffnet. Seine vielbeachtete Rede ist sein erstes öffentliches Auftreten in England – die Schande der Sklaverei beginnt damals die Gemüter zu erregen, weil es auch Engländer waren, die sich schuldig gemacht haben. Turner gibt dem Bild einige Schlüsselverse seines eigenen Gedichts *Fallacies of Hope* mit:

»Empor alle Hände, streicht die Segel und macht sie fest;
Denn jener böse Sonnenuntergang und grimmgesäumte
Wolken
Verraten, daß heranrückt ein Taifun.
Noch eh' er eure Decks fegt, werft
Die Toten und die Sterbenden ins Meer – samt ihren
Ketten.
Oh, Hoffnung, Hoffnung, trügerische Hoffnung!
Wo ist dein Marktwert nun?«

Diese Verse sind so schlecht nicht für einen Sprachungewandten. Der wortgewaltige Ruskin hat das Bild geradezu hymnisch beschrieben. Es zeige »die erhabenste See, die Turner je gemalt hat [...] und, wenn dem so ist, die erhabenste See, die je ein Sterblicher gemalt hat [...] Purpurn und blau werden die düsteren Schatten der dumpfen Brecher auf den Dunst der Nacht geworfen, die kalt und tief heranrückt wie der Schatten des Todes auf das schuldbeladene Schiff, das sich inmitten Meeresleuchten fortbewegt, die dünnen Masten wie in Blut geschrieben in den Himmel reckend, umgeben von Verdammnis, die den Himmel färbt und sich der flammenden Flut des letzten Sonnenlichts vermengt«. Er fügt hinzu, »daß, wenn ich Turners Unsterblichkeit auf ein einziges Bild beziehen müßte, ich dieses wählen würde«.

Andere Kritiker urteilen anders, auch über die Venedigbilder. Die »diversen Flecken von Weiß und Nankinghosengelb mit einem Bündel grauer Farben« sollten wohl »Gebäude und Schiffe darstellen«, findet der Kritiker des *Spectator* und nennt die »Seufzerbrücke« nichts als »eine Laune [freak] von Chromomanie«.

Turner rückt dann auch mehr und mehr davon ab, Bilder nach Skizzen aus Venedig gleichsam beruhigter zu malen. Die *Giudecca*, 1841 ausgestellt, zeigt nur schemenhaft die Konturen der Stadt, bildet eine einzige Farbsymphonie zwischen Ocker (Wasser wie Gebäude) und dem Blau des Himmels, der sich im Ockerwasser widerspiegelt. Das auslaufende Fischerboot »Sol di Venezia«, als »Gegenlichtaufnahme« in Szene gesetzt, noch ehe es so recht eine Photographie gibt, wird beherrscht von Turners Lieblingsfarbe Gelb, die er doch, bei aller Frühmorgenstimmung, unheilschwanger einzusetzen weiß. Im selben Jahr, 1843, triumphiert Gelb ganz und gar in einem Blick von San Benedetto auf Fusina. Nur zwei schwarze Gondeln kontrastieren mit der hinter Wolken verborgenen, diese Wolken und nahezu die gesamte Wasserfläche überstrahlenden Sonne. Die letzten Venedigbilder wirken körperlos. Sie werden beherrscht von reiner, exzessiver Farbigkeit.

1840 ist Goethes *Farbenlehre* in englischer Übersetzung erschienen. Turners Exemplar blieb erhalten und zeigt, wie intensiv er es studiert haben muß. Was man nicht vermuten sollte: Er ist außerordentlich an den Wissenschaften interessiert, die zu seinem Handwerk gehören. Wie er schon die Perspektive gründlich studiert hat – den Professorenposten hat er allerdings schon 1828 aufgegeben; die Akademie erließ anschließend neue Gesetze, damit eine derartige Vernachlässigung der Aufgaben nicht wieder vorkomme –, hat er auch mehrfach den Photographen John Edwin Mayall aufgesucht und ihn ausführlich nach der neuartigen Technik befragt. Besonders interessierte ihn ein Regenbogen, der sich im Niagarafall gebildet und den Mayall auf seine Platte gebannt hatte. Turner benutzte ihn in einem seiner nächsten Bilder.

Jetzt wird es die Theorie der Farben, die er eingehend studiert. Goethe kommt ihm und seinem persönlichen Geschmack weit entgegen. Im Laufe seines Lebens hat Turner sich von der vorherrschenden dunkleren Tonigkeit seiner Vorgänger abgesetzt, hat auch das Blau, für das man Girtin, das Grün, für das man Constable bewundert – und mitunter verabscheut –, gleichsam hinter sich gelassen. Für den Pessimisten Turner ist Gelb die dominierende Farbe, jene, die am hellsten strahlt und eigentlich seiner Bildvorstellung den meisten Widerstand entgegensetzt.

Goethe nennt Gelb »die nächste Farbe am Licht«. Sie erstrecke sich bei prismatischen Versuchen »allein breit in den lichten Raum und kann dort, wenn die beiden Pole noch abgesondert voneinander stehen, ehe sie sich mit dem Blauen zum Grünen vermischt, in ihrer schönsten Reinheit gesehen werden«. Gelb mache zwar »einen durchaus warmen und behaglichen Eindruck«, sei »angenehm und erfreulich«, werde aber, wo es »nicht mit ganzer Energie erscheint«, unangenehm. »Durch eine geringe und unmerkliche Bewegung wird der schöne Eindruck des Feuers und des Goldes in die Empfindung des Kotigen verwandelt und die Farbe der Ehre und Wonne zur Farbe der Schande, des Abscheus und Mißbehagens umgekehrt.«

Das eben ist Turners naturgegebener Spielraum. Goethe scheint den Weg, den er gegangen ist, zu bestätigen. Auch in den Farbanfängen wird Gelb zur ausschlaggebenden Ausgangsfarbe. Auch was Goethe in den *Sprüchen* sagt, könnte Turner direkt auf sich selbst beziehen:

»Will Licht einem Körper sich vermählen,
Er wird den ganz durchsichtgen wählen.

Du aber halte dich mit Liebe
An das Durchscheinende, das Trübe.

Denn steht das Trübste vor der Sonne,
Da siehst die herrlichste Purpur-Wonne.

Und will das Licht sich dem Trübsten entwinden,
So wird es glühend Rot entzünden.

Und wie das Trübe verdunstet und weicht,
Das Rote zum hellsten Gelb erbleicht.

Ist endlich der Äther rein und klar,
Ist das Licht weiß, wie es anfangs war.«

An das »Durchscheinende, das Trübe« hat Turner sich immer gehalten und daran, daß Licht einheitlich sei, nämlich Weiß. Es muß mit »Dunkel« gemischt werden, um Farben hervorzubringen. Selbst nach 30 Jahren (die *Farbenlehre* ist in Deutschland schon 1810 erschienen) bedeutet dies für Turner noch eine Offenbarung und eine Bestätigung. Daß Goethe sehr polemisch gegen Newton Stellung bezieht, wird seinem Kampfgeist ebenfalls entgegengekommen sein. Hier nimmt ein Dichter mit wachen Augen gegen die Physiker die Kunst in Schutz. Noch Werner Heisenberg hat gesagt, »der Kampf Goethes gegen die physikalische Farbenlehre« müsse »auf einer erweiterten Front auch heute noch ausgetragen werden«. Turner hat ihn längst aufgenommen, gegen die Kritikaster, die ihm mit ihren pedantischen, auf pseudowissenschaftlichen Erkenntnissen (oder Unkenntnissen) beruhenden philiströsen Urteilen das Leben schwer machen, gegen die Mitprofessoren, auch die persönlichen Freunde, die man ihm vorzieht – so den schottischen Historien- und Porträtmaler David Wilkie, dem sich Turner verbunden fühlt, obwohl dieser geadelt wird und er nicht –, gegen die Welle aus Hohn und Verachtung, die ihm entgegenschlägt.

Mit einem überzeugenden Freund wie Goethe im Rücken entwindet er sich dem Trübsten und wagt es, Themen anzupacken wie *Shade and Darkness – the Evening of the Deluge (Schatten und Dunkelheit – der Abend der Sintflut)* und *Licht und Farbe – der Morgen nach der Sintflut.* Er erreicht hier seinen höchsten Abstraktionsgrad. 1843 ausgestellt, entfachen die Bilder nichts als Hohngelächter. Das *Athenaeum* konstatiert erneut »Mr. Turners abscheulichen Mißbrauch seines Genies«, und der Kritiker der *Times* spricht von »lächerlicher Schmiererei« (daub). Nur der *Spectator* findet die Gemälde als Illustration der Farbenlehre Goethes »intelligent«, aber, heißt es, »weiter können wir dem Maler nicht folgen«. Verbissen folgt ihm nur einer: Ruskin. Abgesehen von einem Großteil der Nachwelt.

Ruskin oder die Undeutlichkeit

Der junge Turner ist über unseren Streifzug durch seine Reisen zum alten Turner geworden. Sah er früher aus wie ein Seemann, wirkt er jetzt wie ein Kapitän. Die Leute der Gegend um den Cheyne Walk im Vorort Chelsea halten ihn sogar für einen pensionierten Admiral. Sie nennen ihn allerdings nicht »Admiral Turner«, sondern Booth, denn er lebt, sehr zurückgezogen, Cheyne Walk 119 unter dem Namen seiner Lebensgefährtin, und wegen seiner Statur trägt er den Spitznamen »Puggy«, was man als »Mopsie« übertragen kann – Mopsie Booth.

Wie Sarah Danby ist Sophia Booth verwitwet, sogar schon zum zweitenmal. Die Liaison muß um 1833 begonnen haben – wir wissen nicht, wie es mit Sarah Danby zu Ende ging. Ihre Nichte, die verwachsene Hannah Danby, verwaltet für Turner Haus und Galerie in der Queen Anne Street, was weiterhin seine Adresse bleibt. Bei Sophia Booth bleibt er bis an sein Lebensende, oder vielmehr: Sie bleibt bei ihm in seinem Haus in Chelsea, das er geheimhält, selbst vor seinen – neugierigen – Kollegen von der Royal Academy, die ihm häufig in der Gegend nachspionieren. Auch aus dieser Verbindung stammen, wie es scheint, zwei Kinder, und von den Akademiespionen erfahren wir, daß der alte Turner am Cheyne Walk ein zurückgezogenes, aber arbeitssames Leben führt, jedenfalls die Woche über. Am Sonnabend jedoch begibt sich Mr. oder Mopsie Booth in die Hafen gegend, wo sie am verrufensten ist, und kehrt oft erst am Montag in aller Frühe zurück. Übrigens weiß nicht einmal Hannah Danby von Turners zweiter Adresse, eigentlich seinem zweiten Leben. Auch wir wollen es dort belassen, wo es nach Turners (durchaus berechtigter) Ansicht hingehört, im Privaten, auch wenn unzählige Forscher versucht haben, Licht in dieses wohltätige Dunkel zu bringen.

Sandycombe Lodge hat Turner schweren Herzens aufgegeben, »weil Papa dauernd im Garten arbeitete und sich erkältete; ich mußte ihn dann pflegen«, wie er in einem Brief an einen Freund schreibt. Das klingt nicht sehr freundlich, dürfte aber liebevoll gemeint sein. Selbst ausgesprochene Feinde Turners unter den Zeitgenossen haben das enge Verhältnis zu seinem Vater ausdrücklich bescheinigt. Der überraschende Tod Vater Turners, dem der Sohn, wie es heißt, im Alter beinahe aufs Haar gleicht, am 21. September 1829 mit 85 Jahren, trifft Turner tief. Er sei »nie nachher mehr der Alte gewesen«, wie ein Freund verlauten läßt.

Fawkes ist schon 1825 gestorben, Baron de Tabley (ehemals Sir John Leicester), ein weiterer Gönner und Freund, 1827. Als am 11. November 1837 auch Lord Egremont stirbt, wird es einsam um ihn. Turner wird nie wieder Petworth House besuchen, obwohl die inzwischen erwachsenen Kinder Egremonts nach wie vor sehr an ihm hängen. Sie haben später auch versucht, das durch bösartige Kritiker und Klatschspaltenschreiber arg lädierte Prestige des großen Malers aufzubessern und zu korrigieren. Der Erbe auf Petworth nennt Turner »einen freundlich gesinnten Mann, so fähig zu Fröhlichkeit und Spaß wie nur irgendeiner«.

Da es so viel Unfreundliches oder vermeintlich Unfreundliches gibt, das über Turner publiziert worden ist, sei hier die Tochter eines weiteren Freundes und Vertrauten, des Malers und Druckers Wells, ausführlich zitiert:

»Es ist über 60 Jahre her, daß eine Freundschaft begann, die erst mit dem Tod Mr. Turners geendet hat, der in den frühesten Jugendjahren ein ständiger, fast täglicher Besucher im Hause meines Vaters war, den er für einen guten Ratgeber in allen Schwierigkeiten hielt. Er verbrachte üblicherweise drei oder vier Abende in der Woche an unserem Kamin; und obwohl schon über die Hälfte eines Jahrhunderts seither verstrichen ist, sehe ich noch lebhaft meinen lieben Vater und Turner vor Augen, wie sie beim Licht einer Rundbrennerlampe [argand lamp] skizzierten oder zeichneten, während meine Mutter ihre Handarbeiten verrichtete und ich, damals ein junges Mädchen, aus einem nützlichen oder unterhaltenden Buch vorlas. Diese und viele andere derartige Erinnerungen an meinen lieben verstorbenen Freund kommen mir oft in den Sinn [...] Wirklich, in seinem Wesen lag viel Gutes und Wertvolles verborgen, mehr als die Welt ahnt. Er hatte ein zärtliches und liebevolles Herz, wie es nur wenige Menschen besitzen. Wie bei allen großen Leuten hat man seine Fehler laut vor aller Welt ausposaunt [published] und sie bei weitem übertrieben, während seine vielen Vorzüge wegen seiner großen Zurückhaltung nur sehr wenigen bekannt wurden [...] Ich weiß, daß er oft und ohne Murren [für wohltätige Zwecke] gespendet hat, aber er war keiner, der sich guter Taten rühmte. Ein weiterer Charakterzug, der hervorgehoben werden sollte, ist die Liberalität, mit der er die Arbeiten anderer Künstler betrachtete. Wenn er sie nicht loben konnte, war er rücksichtsvoll genug, gar keine Meinung zu äußern. Ich habe ihn nie auch nur eine Silbe schlecht über einen anderen Maler reden hören.«

Mrs. Wheeler, geborene Wells, weiter:

»Er war ein verläßlicher, liebevoller Freund bis zuletzt; seine Gefühle trug er nur selten an der Oberfläche, aber sie waren tief und dauerhaft. Keiner konnte sich vorstellen, daß hinter dem rauhen und kalten Äußeren derartige Gemütsbewegungen verborgen lagen. Ich habe ihn mehr als einmal bitterlich weinen sehen, vor allem beim Tod seines Vaters, der für ihn überraschend kam, denn er war blind dem Unvermeidlichen gegenüber, das er fürchtete. Er kam sofort zu mir in mein Haus, voller Schmerz und Trauer. Schluchzend wie ein Kind sagte er: ›Oh, Clara, Clara, diese Tränen sind aus Eisen. Ich habe den besten Freund verloren, den ich in meinem Leben hatte.‹ Welch anderer Mensch hätte Turner werden können, wenn all die guten und freundlichen Eigenschaften seines großen Geistes aus ihm hätten heraustreten können; aber sie wurden nicht geweckt und daher nur wenigen bekannt! Er war von Natur aus mißtrauisch; keine zarte Hand hatte ihm jemals die Vorurteile weggewischt, jene unvermeidliche Konsequenz mangelhafter Erziehung.«

Turners Haus in Cheyne Walk 119.

»Man hat ihn viel ausgenutzt und viel beleidigt, weil er andere nicht auszunutzen verstand und daher selbst das Opfer wurde«, um noch einmal den neuen Lord Egremont zu zitieren. Die Kinder der alten Freunde sind erstaunlich treu, wahrscheinlich weil sie den Menschen Turner besser kennen als seine Verächter. Aus Farnley Hall erhält er noch 24 Jahre nach dem Tode von Walter Fawkes zu jedem Weihnachten die gewohnte Yorkshire-Gänseleberpastete. Den Kindern der Freunde bleibt er – Beweis liebenswürdiger und liebenswerter Aspekte in seinem Charakter – ein Freund; und sie akzeptieren ihn als einen solchen.

Sonst gilt Turner als scheu, schroff, unkonziliant, schwierig, was sich verstärkt, je heftiger seine Kritiker und seine Feinde über ihn herziehen. »Turners Manieren waren sehr seltsam« (odd), berichtet einer seiner Bekannten, »aber nicht direkt schlecht. Er unterhielt sich gern über Poesie.« Er ist auch ein großer Theatergänger, schon von Jugend an, wohlinformiert über die großen und kleinen Sensationen der Londoner Bühnen. »Unter seinen Freunden war Turner immer unterhaltsam«, erzählt der Stecher Thomas Lupton, »schnell in der Antwort und sehr anregend und witzig.«

Aber er hat Feinde, viele sogar und einflußreiche. Der einflußreichste ist George Beaumont auf seinem Landsitz Coleorton in Leicestershire. Beaumont gilt als einer der bedeutendsten Mäzene seiner Zeit; er unterstützt die Dichter Samuel Taylor Coleridge und William Wordsworth und ist besessen von Bildern.

»Wir aßen zu Abend mit Claude und Rembrandt vor uns, frühstückten mit der Rubens-Landschaft und taten morgens, mittags oder nachts nichts anderes, als an Bilder zu denken, über Bilder zu reden, vom Malen zu träumen und aufzuwachen, um wiederum zu malen«, berichtet der Historienmaler Benjamin Robert Haydon von einem Besuch auf Coleorton.

Beaumont besitzt eine wertvolle Sammlung. An einem kleinen Lorrain, *Hagar und der Engel,* hängt er so sehr, daß er es in einer eigens dafür gefertigten Bildkiste ständig mit auf Reisen nimmt. Er malt übrigens selbst und hat – ohne eigentliches künstlerisches Talent – immerhin über 2000 Gemälde von eigener Hand hinterlassen, für einen Dilettanten eine ganze Menge, die zumindest sein tiefes und ehrliches Engagement zeigt. Im Kreis der Romantikermäzene, zu denen etwa der Bankier John Julius Angerstein und der Marquis von Stafford zählen, spielt er die Rolle eines Geschmacksrichters. Man hört auf ihn und sein Urteil. Er gibt die Richtung an. Es ist wahrscheinlich, daß er sogar Kritiker bezahlt.

»Sir George Beaumont war ein aufrichtiger Freund der Künste«, sagt der amerikanische Maler Charles Robert Leslie (A. R. A.), ein Freund Constables, in seinem Nachruf auf Turner, »aber in manchen Dingen ein im Irrtum befindlicher. Er tat recht mit seiner Förderung Wilkies und Haydons, aber er verspottete Turner, den er sich angelegentlich bemühte herunterzumachen [talk down...], und obwohl er persönlich Constable freundschaftlich verbunden war, scheint er keine Vorstellung von dessen überragender Begabung gehabt zu haben.«

Das nimmt wunder, aber Leslie muß es wissen, wahrscheinlich sogar von dem – bereits verstorbenen – Constable selbst. Kritiker und Förderer befinden sich wohl nicht selten mit den von ihnen geförderten Künstlern im Zwiespalt, in einer Art von positivem Mißverständnis, was, wie wir sehen werden, auch auf das Verhältnis Turners zu Ruskin zutrifft. Auf jeden Fall hat Beaumont schon den ganz jungen Constable nach Kräften bestärkt und unterstützt. Er kennt ihn aus Dedham, wo seine Mutter wohnte, einem Nachbarort von Constables Geburtsdorf East Bergholt in Suffolk. Vieles läßt sogar darauf schließen, daß sein Haß auf Turner auf seiner Liebe zu Constable beruht und darauf, daß er der Meinung ist, Turner stehe Constable im Wege.

Das tut er tatsächlich, wenn auch ohne bösen Willen. Constable hat es selbst so ausgedrückt. Als er 1824 im Pariser Salon für sein bis heute berühmtestes – wenngleich nicht bestes – Bild, *Der Heuwagen,* die Goldmedaille erhält, schreibt er seinem Freund, dem Kanonikus John Fisher, nach Salisbury:

»Ich fühle mich tief geehrt, einen eigenen Stil gefunden zu haben und unabhängig von ihm, der der Gott über allen sein würde – ich meine Turner.«

Die beiden großen Maler der englischen Landschaft sind sehr verschiedene Charaktere. Constable kommt – im Gegensatz zu

Turner, dem Großstadtkind – tatsächlich vom Lande. Während Turner nie über sich oder seine Bilder spricht, redet Constable nahezu unablässig über beides, überschüttet die Betrachter mit einer Suada von Erklärungen und zusätzlichen Hinweisen. Wer viel in Ateliers und Ausstellungen herumkommt, wird feststellen, daß dies noch heute die beiden häufigsten Erscheinungsformen sein dürften: der Maler, der dumpf oder verlegen in sich hineinschweigt, und derjenige, der übersprudelt vor Eigenbegeisterung.

Verschieden im Temperament, unterscheiden sie sich auch in ihrer Malweise. Constable malt weitgehend akademisch (wobei er die Frische seiner Skizzen nicht immer erreicht). Seine Landschaften sind gleichsam »wetterlos«, wenigstens auf den großen Bildern. Es gibt von ihm allerdings Ölskizzen auf Papier wie jene *Meerlandschaft mit Regenwolken* (1824/25), die von Turner angeregt scheinen. Auch hat er Wolken, die vergänglichsten Elemente der freien Natur, als einer der ersten gleichsam porträtartig festgehalten.

Aber es dominiert bei ihm die Farbe Grün (die bei Turner im Alter überhaupt nicht mehr vorkommt). Er steht, wie man vor jedem seiner Bilder unschwer bemerkt, mit der Landschaft auf Duzfuß. Während bei Turner die Natur immer etwas Unheimliches, Bedrohendes, oft Tödliches enthält, äußert sie sich bei Constable optimistisch, idyllisch, eine vertraute Heimat. Bei Turner stürmt es selbst an windstillen Tagen (wenn er sie darstellt). Bei Constable wirkt selbst ein Gewitter nicht zerstörerisch, sondern wie ein Teil des natürlichen Kreislaufs. Was bei Turner Schiffe und Blockhäuser zerschmettert, läßt bei Constable die Frucht aus dem Boden wachsen.

Constable hat es, im Gegensatz zu Turner, schwer, in die Akademie aufgenommen zu werden. Den Herren Akademikern ist alles zu grün, was er malt, da mag Beaumont agieren, wie er will. 1828 versucht Constable, Turner zu gewinnen, aber zum Zeichen dessen, daß er ihn nicht unterstützen werde bei der Wahl, empfängt dieser ihn vor der Tür seines Hauses. Ein Jahr später, am 10. Februar 1829, wie alle Constable-Biographen exakt verzeichnen, klopft Turner persönlich an Constables Tür in Hampstead

Heath und überbringt – eine seltene Ehre – höchstselbst die Nachricht, daß er, wenn auch nur mit einer Stimme Mehrheit (der Turners), in die Akademie gewählt sei. Die Rivalen reden miteinander bis zum frühen Morgen. Als Constable seine Urkunde aus der Hand des derzeitigen Präsidenten, Thomas Lawrence, empfängt, hält dieser ihm einen längeren Vortrag über den Unsinn, reine Landschaften und nichts als Landschaften zu malen.

Das ist eine damals zwar schon ziemlich altmodische Haltung, aber sie ist nicht eben selten anzutreffen, vor allem unter konservativen Snobs wie Lawrence. Die reine romantische Landschaft gilt manchem immer noch nicht als vollgültiges Motiv. Turner mag seine wohl zweifellos vorhandene Antipathie überwunden haben aus einer gewissen Gemeinsamkeit ihrer Grundanschauung heraus; am Ende saßen Constable und er in einem Boot. Beiden geht, Lawrence zum Trotz, die Landschaft über alles – bei Turner ist es die verhangene, diesige, von Wind, Wetter, Wolken, Nebel beständig veränderte, nach damaliger Auffassung: die undeutliche Landschaft. »Undeutlichkeit« ist ein Vorwurf, der immer wieder gegen Turners späte Bilder und Aquarelle erhoben wird. Das stolze Wort der Entgegnung, viel zitiert und publiziert, das Turner einem Kunsthändler gegenüber geäußert haben soll, ist aber wahrscheinlich nie gefallen: Ein amerikanischer Käufer, der brieflich ein Bild Turners bestellt hatte, ohne es vorher gesehen zu haben, beschwerte sich – wieder einmal – über die Undeutlichkeit der Darstellung. »Sagen Sie dem Herrn«, soll Turner, leider nur in der Anekdote, geantwortet haben, »daß Undeutlichkeit meine Stärke ist.«

Das ist sie jedoch tatsächlich. Turner hat die meist durch Wetter bedingten Undeutlichkeiten in der freien Natur für die Malerei geradezu entdeckt.

1836 zeigt er in der Akademieausstellung sein Bild *Julia und ihre Amme*. Man sieht Venedig von hoch oben, einer Dachterrasse aus, an deren Balustrade die beiden Titelfiguren stehen, sehr klein rechts in der unteren Ecke. Der Blick konzentriert sich auf eine von Wolken und Dunst verhüllte Sonne, die nur hin und wieder voll auf die Stadt fällt, hier den Markusdom grellweiß aus dem Schatten reißend, dort den Canal Grande in tiefstes Blau tauchend. Die krassen Farben verändern das Panorama in fast jedem architektonischen Detail; ein Flickenteppich aus Licht und Schatten scheint über Häuser, Menschenmenge, Platz und Campanile gebreitet. Venedig wird zur Vision.

Unter den abschätzigen Kritikern tut sich besonders ein Schriftsteller aus Oxford namens John Eagles hervor. Im *Blackwood's Magazine* nennt er das Bild »ein seltsames Kuddelmuddel« und fügt hinzu:

»Es ist weder Sonnenlicht, Mondlicht, noch Licht der Sterne oder von einem Feuer [...] Vor so vielen Absurditäten wagen wir nicht zu fragen, warum Julia und ihre Amme sich in Venedig befinden. Denn die Szene stellt eine Komposition dar, zu der verschiedene Teile Venedigs Modell gestanden zu haben scheinen, wie Kraut und Rüben zusammengewürfelt, blau und rosa gestreift und in ein Mehlfaß geworfen. Die arme Julia hat man in Sirup getaucht, damit sie süß aussieht, und wir sind besorgt, daß die mehlige Architektur an ihrem Unterrock festkleben und ihn mit Mehl bestäuben könnte.«

Das regt einen jungen Kunstenthusiasten derart auf, daß er sich hinsetzt und eine Entgegnung an das *Blackwood's Magazine* schreibt. Der Vater – unser junger Mann ist eben 17 – empfiehlt ihm, den Leserbrief nicht gleich an die Redaktion zu schicken, sondern zunächst einmal den Maler um Erlaubnis zu bitten. Das geschieht am 1. Oktober 1836. Die Antwort kommt am 6. Oktober. Sie lautet, in nicht ganz geschickter Handhabung der Sprache:

»Lieber Herr, ich bitte Sie, Ihnen für Ihren Eifer, Ihre Güte und die Mühe, der Sie sich meinetwegen unterzogen haben, bedanken zu dürfen, was die Kritik des ›Blackwood's Mag.‹ über meine Werke betrifft; aber ich reagiere niemals auf derartige Dinge – sie sind unwichtig außer der Bosheit und dem Mehlfaß, von dem das Magaz. fürchtet, ich könnte in selbiges gefallen sein. PS: Wenn Sie das Manuskr. zurückhaben wollen, haben Sie die Güte, es mich wissen zu lassen. Wenn nicht, werde ich es mit Ihrer Erlaubnis dem Besitzer des Bildes der Julia schicken.«

Das Bild hat der Freund H. A. J. Munro gekauft. Die Entgegnung Ruskins – das nämlich war der Kunstenthusiast – ist nicht

Skizze Turners vom Brand des Parlamentsgebäudes 1834 (Skizzenbücher CCMXXXIV, S. 9).

erhalten; wahrscheinlich hat Turner sie Munro niemals geschickt. Der leidenschaftliche Verteidiger wird mit dem Maler erst vier Jahre später zusammentreffen, 1840, und aus der Verteidigungsschrift wird ein bedeutendes Werk wachsen, das den 24jährigen 1843 schlagartig berühmt macht, die *Modern Painters*.

»Meine eigene Bewunderung«, zieht Ruskin im letzten Band so etwas wie eine Quintessenz seines Verhältnisses zu Turner, »war wild und enthusiastisch; aber ich gab ihm dadurch nicht einen einzigen Funken Freude; er konnte mir damals nicht begreiflich machen, was er wirklich wollte. Er liebte mich, aber ihn kümmerte überhaupt nicht, was ich sagte, und er versuchte ständig, mich vom Schreiben abzuhalten, weil ich seinen Künstlerkollegen wehtun könnte. Kam Lob von anderen Leuten, wurde diesen nicht einmal die Anerkennung durch solch traurige Zugeneigtheit entgegengebracht.«

Turner ist ein Mensch ohne Illusionen. Sein Leben lang fühlt er sich vom Schicksal benachteiligt. Die Jugend ist ihm – hauptsächlich durch die Mutter – verdorben worden, den Jüngling und Gesellen hat man erbärmlich ausgenutzt, der jähe und gründliche Erfolg schlug bald in Verständnislosigkeit um: Die Welt ist sicherlich keine der bestmöglichen oder -denkbaren, vor den Menschen muß man sich in acht nehmen, sie sind selbstsüchtig, ihnen mangelt jegliches Verständnis für anderes als das Allernotwendigste. Sie können nicht einmal das Einfachste von der Welt: richtig sehen.

Was das Sehen, die Kunst, das Zeichnen, die Malerei betrifft, gibt es keinen, der selbstbewußter wäre als er. Wir besitzen von Turner verhältnismäßig viel schriftlich Hinterlassenes. Das meiste ist *(Fallacies of Hope)* pessimistisch im Grundton, aber nirgends findet sich auch nur eine Zeile des Selbstzweifels, wie ihn andere Maler doch hin und wieder zu äußern pflegen. Wo es um Kunst geht, wird er sogar duldsam. Turner kennt das Urteil der Welt und läßt sie gewähren, wie man unartige Kinder gewähren läßt, obwohl man es besser weiß. Die *Farbanfänge* im Hintergrund, die er schon gar nicht der Öffentlichkeit zeigt, zweifelt er keinen Augenblick an sich. Oft, wird berichtet, greift er, bei Ausflügen in die Natur mit Munro oder auf jenen Varnishing Nights in der Akademie, ein, wenn er sieht, daß Kollegen auf ein malerisches Problem gestoßen sind. Meist löst er es. Dem braven Munro, der vor der Natur Schwierigkeiten mit einem bestimmten Motiv hat und der sich für eine halbe Stunde in den schützenden Schatten zurückzieht, malt er gleich drei Lösungen didaktisch aufs Blatt.

Die Theorie ist freilich seine Sache nicht. Kunst selbst schüttelt er aus dem Handgelenk. Über sie reden oder schreiben, wie der junge Ruskin, scheint ihm müßig, auch für die Leute, an die sich das Geredete und Geschriebene wendet. Die Menschen sind dumm und begreifen es ohnedies nicht; wie sollten sie auch, wenn sie schon von der Zeichnung, dem Blatt, dem Bild nichts verstehen? Die georgianischen und frühviktorianischen Zeiten, zu denen wir auch die des braven Seemannskönigs Wilhelm IV. rechnen müssen, sind, wir sagten es schon, Glanzzeiten der Satire, für die fast völlige Meinungsfreiheit herrscht. Sie bezieht sich bald nicht nur auf die politischen, wirtschaftlichen und gesellschaftlichen Verhältnisse, sondern auch auf die Kultur. Turner, eine trotz allem herausragende Erscheinung, auch für den unverständigen Zeitgenossen, steht bald im Mittelpunkt des keineswegs immer gutmütigen Spotts, den man in England damals so hoch schätzt.

Da machen sich Meister der Gesellschaftskritik wie William Thackeray lustig über ihn (in *Ainsworth's Magazine*) und mindere Witzbolde wie Gilbert à Beckett, der eines von Turners Bildern »Hummersalat« nennt und ein »gutes Beispiel der Plautz-Peng-Schule«. Die Karikatur dazu zeigt Turner, wie er mit Mop und Eimer auf eine Leinwand losgeht. Der *Punch,* das Witzblatt, zieht ihn mit seinen *Fallacies of Hope* durch den Kakao, als er eines seiner schönsten Venedigbilder, *Am Morgen – Rückkehr vom Ball,* in der Royal Academy zeigt.

»Wir hatten beinahe schon Mr. J. M. W. Turner, R. A. und Verfasser des MS Gedichts *Die Täuschungen der Hoffnung,* vergessen, auf das er uns in früheren Jahren so oft verwiesen hat; bei dieser Gelegenheit ließ er es dankenswerterweise mit der Nennung des Titels bewenden, ohne uns mit einem Auszug aus dem Gedicht zu belästigen. Wir wollen nun jedoch trotzdem ein

Motto seinem Bild *Am Morgen – Rückkehr vom Ball* hinzufügen, das tatsächlich einiger Erklärung bedarf; und wenn er zu bescheiden ist, aus seinen *Täuschungen der Hoffnung* zu zitieren, wollen wir es für ihn tun:

»Oh, welch ein Anblick! Ist's Venedig? Nein.
Und doch, scheint mir, es ist Venedig – denn ich seh'
inmitten all der gelben, roten, blauen Klumpen
ein Ding, das aussieht wie ein Turm in der Lagunenstadt.
Und jener Strich, orange, dort im Hintergrund
zeigt uns, daß Morgen ist. Das kleine Boot
(von einer Farbe wie Tomatensoße)
verkündet wiederum: man kehrt vom Ball zurück.
Das teilt mein Bild, so mein' ich, fröhlich mit.
Ich hoff' zumindest. Aber weh! Welch eine
TÄUSCHUNG!«

Gegen derartige Angriffe ist Turner, der zwar gern im Freundeskreis lacht, aber der über wenig Humor verfügt, so gut wie hilflos. Und der Intellektuelle, Ruskin, besitzt womöglich noch weniger Humor als der von ihm bewunderte Künstler. Die ohnmächtige Wut ist es, die Ruskins schriftstellerische Kraft ins Ungeheure steigert. Er verteidigt Turner wie eine Bärenmutter ihr Junges, mit Gegenbiß und Klauenhieb.

Das verbindet. Man hat mitunter das Gefühl, Turner ist mit Ruskin behaftet wie mit einer Klette. In die *Modernen Maler*, dessen erster Band in der Hauptsache von ihm handelt, hat Turner, seinem eigenen Bekenntnis zufolge, nie hineingesehen. Der allgemeine Aufruhr, den sein junger Freund entfacht, ist ihm eher peinlich. Dauernd versucht er, Ruskin zu bremsen – erfolglos.

Der Junge, der beim ersten Besuch noch vom Vater begleitet wird, steht Turner in punkto Halsstarrigkeit in nichts nach. Als er 1842 ein Turner-Aquarell von einer Schweizreise *(Der Splügenpaß)* kaufen möchte, verbietet es ihm der Vater. »Macht mich unglücklich«, vertraut er seinem Tagebuch an und setzt hinzu: »Ich werde es eines Tages aber haben, wenn ich dann noch lebe.« (Freunde werden das Aquarell 1878 kaufen und ihm schenken.)

Turner-Karikatur aus dem »Punch«.

Solange Turner lebt, bleibt die Verbindung zwischen beiden eng, aber nicht herzlich. Zwischen dem Nurmaler und dem Mann, der das Wort beherrscht wie zur Zeit Königin Viktorias kaum ein zweiter in Großbritannien, besteht eine Barriere. Ruskins großes Verdienst ist es, Turner in Schutz genommen zu haben, wo er absolut schutzlos und verwundbar war. Verstanden hat er den Künstler vermutlich ebensowenig wie die vielen Gegner. Als Nachlaßverwalter hat er später nicht nur die erotischen Zeichnungen seines Idols ohne Wimpernzucken zerstört, sondern auch abschätzig über die *Colour Beginnings* geurteilt (die er gottlob nicht anzutasten wagte) und geglaubt, Turner sei im Alter, nach der *Fighting Temeraire,* nicht mehr auf der Höhe seines Könnens gewesen. Die Tatsache, daß nicht einmal sein größter Bewunderer ihn verstehen konnte, muß den Maler noch einsamer gemacht haben, als er ohnehin schon war – Künstlerschicksal, Kritikerschicksal. Ganz zueinander zu kommen blieb ihnen verwehrt, was für den einen so schmerzlich gewesen sein muß wie für den anderen.

Der Grund für diese Kluft: Ruskin war im Grunde seines Herzens denkbar konservativ und von einer puritanischen Frömmigkeit. Turner muß man dagegen als einen Erzliberalen einstufen. Im Gegensatz zu seinem Vater galt er als Atheist, er war wohl – wie Lord Egremont meinte, der ihn besser kannte als Ruskin – so etwas wie ein Pantheist (was wahrscheinlich alle Landschaftsmaler sind). Ruskin glaubte an den alten sozialistischen Kernspruch, der »die Kunst dem Volke« bieten will. »Ich möchte am liebsten jedem Liber Studiorum und meinen Dürer leihen, der sie haben will«, hat der spätere Sozialreformer verkündet. Davon hielt Turner vermutlich nichts. Er verachtete das ungebildete Volk, wie es Leute aus dem Volke zu tun pflegen, wenn sie auf Widerstand stoßen, ebenso wie die Intellektuellen, die wie Ruskin die Welt nach eigenem Gesetz verbessern wollen, ohne darauf zu achten, ob sie denn auch verbessert werden will. Im Grunde paßten die Präraffaeliten, die der Theoretiker nach Turners Tod auf seinen Schild hob, viel besser zu Ruskin als der Neuerer, der die Welt auf andere Weise sichtbar machen wollte als bisher, aber der sich nicht anmaßte, sie völlig umkrempeln zu wollen.

Den liberalen Revolutionär und den konservativen Snob vereint die Eigenschaft, daß sie ein Herz für die Armen, die Unterdrückten haben. Ruskins europäischer Snobismus, fast schon Chauvinismus, geht so weit, daß er eine Reise nach Amerika nicht antritt, weil er, im Gegensatz zu Goethe, feststellt:

»Und bis zu diesem Tag, obwohl ich mehrere freundliche Einladungen erhalten habe, Amerika zu besuchen, könnte ich es doch nicht über mich bringen, auch nur ein paar Monate in einem Lande zuzubringen, das so armselig ist, keine Burgen zu besitzen.«

Dabei mischt sich immer wieder Hellsichtigkeit und scharfe analytische Begabung in seine Reden. Ruskin ist von einer Unbedingtheit, vor der ein im Grunde naiver Charakter wie Turner so etwas wie intellektuelle Angst bekommen kann oder doch wenigstens Unbehagen. Alle Formulierungen werden mit Schwung und Pathos auf die Spitze getrieben:

»Leben ohne Fleiß ist Schuld«, verkündet er apodiktisch, »und Fleiß ohne Kunst ist Brutalität.«

Sein Höhenflug scheint unaufhaltsam. Die Viktorianer lesen seine Bücher wie die Bibel, vor allem *The Seven Lamps of Architecture*, in dem Ruskin ein für allemal festsetzt, die Kunst habe ausschließlich dem Ruhme Gottes zu dienen, und das Mittelalter, vor allem die gotische Architektur, sei als alleinige Richtschnur auch der Gegenwart anzusehen.

Als Sozialpolitiker bekämpft er die Freiheit des Wettbewerbs und den Einsatz von Maschinen und tritt für eine Wiederbelebung der Handweberindustrie ein; ebenso jedoch für gleiche Schulbildung beider Geschlechter, öffentliche Büchereien und ein besseres Gesundheitswesen. Romantische Sehnsucht nach der Vergangenheit und sozialer Reformismus, der weit in die Zukunft weist, gehen bei Ruskin eine nicht immer plausible Verbindung miteinander ein. Turner ist das alles unbegreiflich. »Ich habe nie eine Zeile von Ruskin gelesen«, hat der Maler hinter vorgehaltener Hand, Thornbury zufolge, einem Freund gestanden.

Dabei ist der hellwache, sensible und aufnahmefähige Ruskin fast schon bis zu jenem Geheimnis vorgestoßen, das sich – ohne strenggenommen eines zu sein – hinter Turners Werk befindet: zum Wetter.

In den *Modernen Malern,* Band 1, Kapitel »Von der modernen Landschaft«, lesen wir: »Jetzt wenden wir unsere Augen, so mutig und so rasch es geht, von den heiteren Feldern und Himmeln mittelalterlicher Kunst« (das vorhergehende Kapitel war »Von mittelalterlicher Landschaft« betitelt, wie wir hinzufügen müssen) »den charakteristischsten Beispielen moderner Landschaft zu. Wie ich glaube, ist das erste, was uns überrascht, oder was uns doch überraschen sollte, ihre *Wolkigkeit.* Aus perfektem Licht und bewegungsloser Luft finden wir uns plötzlich unter trübe Himmel versetzt und in wehenden Wind; und während die unsteten Sonnenstrahlen unsere Augen blenden oder die Regenschauer uns bis auf die Haut durchnässen, sind wir gezwungen, den Wechsel der Schatten im Gras zu verfolgen oder den Riß in den aufgewühlten Wolken zu beobachten, durch den das Zwielicht fällt. Und wir bemerken, daß, während im Mittelalter *Beständigkeit, Endgültigkeit* und *Lichtheit* den Betrachter erfreuten, wir jetzt an der Dunkelheit Gefallen finden sollen und am Triumph des sich ständig Verändernden; daß wir jene Dinge zu Grundlagen unserer Freude machen, die sich jeden Augenblick verändern oder ganz verschwinden; und daß man unsere größte Befriedigung und unsere größte Erkenntnis aus dem erwartet, das unmöglich festzuhalten ist und kaum zu erfassen.«

Ruskin findet sogar – er meint natürlich die Bilder Turners – einen Fachausdruck: »aerial perspective«, etwa: Luftperspektive. Aber weiter geht er nicht. Im Gegenteil: In der Tiefe seines Herzens hält Ruskin »unsere moderne Wolkenanbetung« für einen Rückschritt.

»Während das Mittelalter niemals eine Wolke malte ohne die Absicht, einen Engel hineinzusetzen, und ein Grieche nie einen Wald betrat ohne die Erwartung, einem Gott zu begegnen, würden *wir* die Erscheinung eines Engels in den Wolken als völlig unnatürlich empfinden und wären ernsthaft erstaunt, irgendwo einem Gott zu begegnen. Unsere hauptsächliche Vorstellung vom Wald beschränkt sich auf Wilddieberei. Wir glauben nicht, daß die Wolken anderes enthalten als soundsoviel Zoll Regen oder Hagel, und von unseren Teichen und Bächen erwarten wir nichts Heiligeres als Enten und Wasserkresse.«

Ruskin vergleicht zwar die »Liebe zu den Wolken« mit einer »Liebe zur Freiheit«, die eingesetzt habe, aber beklagt doch die »Entgötterung«, die der modernen Welt das Metaphysische nimmt. Daß Maler wie Turner eben dieses in den Elementen selbst suchen und finden, es symbolhaft auf das Leben, den Menschen, das Dasein beziehen und mit einer solchen Betrachtungsweise den Standort von Leben, Mensch, Dasein verändert haben, wird gleichsam negativ interpretiert. Ruskin bekennt sich zur Kunst seiner Zeit, ohne ihre Hintergründe, das gewandelte menschliche Selbstvertrauen, zu akzeptieren. Sein Standpunkt befindet sich zwischen den Zeiten. Seine Basis findet er im Alten, Zurückersehnten. Nur sein Geschmack hat erstaunlicherweise das Neue eingeholt, das sich aus der rückwärtsbezogenen Romantik entwickelt.

Turner, der dies alles nicht ausdrücken kann, es auch wohl, könnte er es, nicht ausdrücken wollte außer in Bildern, bleibt einem solchen Theoretiker fremd wie dieser ihm. Die beiden, aufeinander angewiesen, reden oder malen gleichsam aneinander vorbei. Kulturhistorisch ist der Einsatz Ruskins für Turner trotzdem von ausschlaggebender Bedeutung. Er hat als erster den Briten regelrecht eingehämmert, daß Turner ihr größter Maler sei, von ein paar Irrtümern im Alter abgesehen. »Alle seine Freundlichkeit und seine Wahrheitsliebe [...] all seine höchste Kraft, und all sein Versagen und seine Irrtümer, tief und seltsam, beruhten auf seiner *Glaubenslosigkeit*.«

Da liegt ganz sicher der wahre Grund für das letztendliche Mißverständnis zwischen Künstler und Kunsttheoretiker. Ruskin wittert in Turner den Atheisten oder Pantheisten. Turners »Wolkigkeit« erkennt er wohl, aber sie ist – jedenfalls für ihn – so etwas wie Götzendienst, ein Ersatz für die verlorenen Götter. Und Turner? Was sollen ihm Bildbeschreibungen, die in Teichen und Bächen nichts anderes sehen oder erwarten als Enten und Brunnenkresse, die also dem Betrachter (und dem Maler) krassesten Materialismus unterschieben? So hat Turner, im täglichen Leben selbst Materialist, seine Landschaften weder gemeint noch empfunden. Seine »Undeutlichkeit« ist in Wirklichkeit Verdeutlichung eines Lebensgefühls, das ohne definitive Sicherheiten sich dem ständigen Wandel ausgesetzt weiß und gerade darin so etwas wie metaphysische Bestätigung erfährt. Gibt es größere Gegensätze als Turners Einstellung zu den natürlichen Phänomenen und Ruskins Definition?

Ruskin hat Turner, wie nicht anders zu erwarten, lange überlebt, fast um ein halbes Jahrhundert. Er ist 1900 in geistiger Umnachtung gestorben.

Der erste Moderne

Der alte Turner geht stets schwarz gekleidet. Seine Nase, bekunden die Zeitgenossen, ist, ein rechter Zinken, immer weiter aus dem Gesicht herausgewachsen. Seine melancholischen Gesichtszüge kontrastieren mit den vollen, sinnlichen Lippen. Oft erwähnt wird seine melodische, bis zuletzt sehr tiefe Stimme.

»Seine weniger von ihm eingenommenen Freunde beschreiben ihn als mit einem roten jüdischen Gesicht behaftet, mit stechenden blaugrauen Augen sowie den kleinsten und schmutzigsten Händen, die man sich denken kann«, erzählt Thornbury, was ihm manchmal noch heute Turner-Enthusiasten übelnehmen. »Sein Teint war grob und wettergefurcht, seine Haut glich der eines Postkutschers oder eines Bootsmanns auf einem Kriegsschiff. Sie war hart wie die Haut eines Nashorns und rot wie die Schale eines gekochten Hummers. Der Teint verriet durchlebte rauhe Tage, an denen ihm, oben auf dem Dach der Postkutsche sitzend«, den billigsten Plätzen, wie hinzugefügt sei, »der Wind den Regen in die Augen getrieben oder ein Boot über die höchsten Wellen getragen hatte. Der Seewind hatte seine Spuren in seinem Gesicht hinterlassen, die heiße italienische Sonne ihn gedörrt und gebräunt. Seine Kleidung war stets unordentlich und nicht selten schmutzig; die Ärmel trug er so lang, daß sie die kleinen, geschmeidigen Hände verbargen. In der letzten Zeit wurde es besser mit seiner Bekleidung, was wohl auf seine Haushälterin in Chelsea zurückzuführen war; geradezu prächtig ausstaffiert erschien er da zu den Akademiesitzungen in einer roten Samtweste. Als sein Freund George Jones bei einer Gelegenheit in einer blauen Weste erschien mit einem roten Halstuch als

Kontrast, schien er ungemein beeindruckt. ›Das mag ich‹, sagte Turner, ›gute Farbmischung, Joney‹, und bald darauf erschien er im gleichen effektvollen Aufzug. Auch ein Hut, dessen Noppen gegen den Strich gebürstet waren, gehörte zu seinen Charakteristika.«

Sein letztes Skizzenbuch stammt aus den Jahren 1846/47. 1848 reicht er – zum erstenmal seit 24 Jahren – nichts ein zur Akademieausstellung. Er hat den letzten Zahn verloren, langsam erlahmt auch seine Schaffenskraft.

Da entstehen freilich beinahe heimlich im Atelier weiterhin Himmel-und-See-Stücke von lapidarer Einfachheit und Transparenz. Gelb, Ocker und Rot, nach alten Skizzen aus den Notizbüchern gefertigt, gleichen sie eher malerischen Statements als Bildern. Ruskin und die meisten Nachfahren halten diese letzten Äußerungen eines großen Verwandlers für unvollendet. Aber wer den anderen Turner schätzt, den impressiven, den Atmosphäriker, bei dem sich die Welt auflöst in Farbe und Licht, wird sie eher als Quintessenzen betrachten wollen. Es handelt sich um immer noch so gut wie ungehobene Schätze. Selbst heute wagt kaum einer, ein so überragendes Bild wie *Die Themse oberhalb von Waterloo-Bridge* zu Turners Hauptwerken zu rechnen, in der Furcht, er könne diese Leinwand als mißlungen oder vorläufig mißlungen beiseite gestellt haben.

Turner hat das Bild nie öffentlich gezeigt. Genaue Untersuchungen und Analysen wollen herausgefunden haben, daß es bereits Anfang der dreißiger Jahre angelegt ist, wahrscheinlich als Gegenstück und Erwiderung zu Constables *Waterloo Bridge,* das dieser 1832 in der Royal Academy zeigte. Turner hat aber noch Jahre danach an diesem Bild gearbeitet und es seiner Hinterlassenschaft ausdrücklich einverleibt, was er bei einer unvollendeten Skizze sicher nicht getan hätte. Wir müssen davon ausgehen, daß alle von ihm bewußt hinterlassenen Arbeiten – auch die *Farbanfänge*! – von ihm gleichsam sanktioniert worden sind, vielleicht mit Ausnahme der allerletzten Leinwände, die sich bei seinem Tod noch in Arbeit befanden.

Die Themse oberhalb von Waterloo-Bridge steht tatsächlich in extremem Gegensatz zum klar-deutlichen Gemälde Constables, das die Eröffnung der Brücke darstellt, gesehen von der Treppe an Whitehall. Es war dieses Bild, das neben Turners *Helvoetsluys*, einem Seestück, in der Akademieausstellung 1832 hing. Turner fügte wütend einen dicken roten Fleck in sein Bild, um »die Balance wiederherzustellen« (aus dem Fleck entwickelte er dann eine knallrote Boje).

Auffallend ist, daß Turner Constables Bildeinteilung genau übernommen hat. Man sieht auf die Themse und London vom selben Standpunkt aus, kompositorisch nehmen die Motive haarscharf die gleiche Stellung ein: Der Himmel dominiert, Fluß und Stadt werden an der linken Bildkante durch eine Dreiecksform gleichsam angehoben, bei Constable durch ein Haus und eine sich auftürmende Wolke, bei Turner durch den Dampfausstoß zweier Industrieschornsteine.

Offensichtlich hat sich Turner, was er ja gern tat, in eine Art direkten Wettbewerbs begeben. Das geschah zwar meist mit klassischen Malern, aber in diesem Fall wollte er sich wohl mit dem zeitgenössischen Rivalen messen. Es kann gut sein, daß er dann das Bild nie ausgestellt hat, um diesen nicht aufzuwerten.

Bildeinteilung, Bildrhythmus und Bildinhalt sind so gut wie identisch. Aber was bei Constable zur stimmungsvollen Ansicht wird, dabei erfreulich weit entfernt vom Historienbild, wächst bei Turner weit über alle Topographie hinaus. Erkennbar wird diese überhaupt nur durch den Titel. Die Uferbefestigung links in tiefem Braun, die kaum zu ahnende, weil von einer weißen Wolke überblendete Stadtsilhouette in der Ferne, das ebenfalls von weißem Licht erhellte Wasser der Themse, der drohende Rauchpilz, der sich dunkel in den von unzähligen Grautönen gefleckten Himmel erhebt – das alles erscheint nur im Ungefähr, als Andeutung und wie durch Dunst und Nebel. Die trübe Atmosphäre läßt nichts definitiv erscheinen. Im nächsten Augenblick kann die dichte Wolkendecke aufreißen oder sich total über der Ansicht zusammenziehen und sie auslöschen. Bewegung herrscht vor, Möglichkeit der Veränderung, was notabene auch für das Thema gilt, die Stadt am Strom und ihre Geschäftigkeit, die in den beiden angedeuteten Schornsteinen zum Ausdruck kommt. Constable malt London. Turner malt so etwas wie eine

Stadt an sich. Man muß, im Sinne unseres Mottos am Buchanfang, aus Erfahrung kennen, was durch Neuformulierung im Bild erscheint – oder besser: als freie, reine Malerei. Denn Turner hat hier auch jeglichen allegorischen Hinweis – wie bei den *Sklavenhändlern* – überwunden. Man kann Stadt, Fluß, Rauchwolke, Nebel, Wasserfläche, Tonigkeit – von Weiß über Gelb zum tiefsten Braun – bestenfalls symbolisch auffassen, wenn man will.

Turner ist in seinen *Colour Beginnings* noch näher ans Abstrakte herangeraten. Aber hier, im späten Werk, im zart hingetupften *Monte Rosa,* den beiden Bergszenen, bei denen der Pinsel kaum die Leinwand berührt zu haben scheint, einem sonnendurchglühten *Val d'Aosta* (heute in Melbourne) oder jenem *Venezianischen Fest,* das in lichtem Blau so etwas wie einen Geisterreigen schildert, löst er sich, immer noch mit den Mitteln des Wetters (zu dem wir letztlich, gebrannte Kinder, auch den Smog rechnen dürfen), vom Gegenstand ab, ohne diesen ganz aus den Augen zu verlieren.

Da gibt es auch einen blutroten *Sonnenuntergang,* den schon Zeitgenossen, die ihn in der Queen Anne Street sehen, als »den schönsten Himmel, der meiner Meinung nach je gemalt worden ist« (F. E. Trimmer), empfinden. G. R.Burnet berichtet über ein Erlebnis des Kunsthändlers Samuel Woodburn:

»Während sie zu seinem Haus in Hendon fuhren, brach ein herrlicher Sonnenuntergang durch die Wolken; Turner bat, die Kutsche anzuhalten, und verweilte lange Zeit in stiller Kontemplation. Einige Wochen später, als Woodburn ihn in der Queen Anne Street aufsuchte, sah er eben diesen Himmel in der Galerie und wünschte, daß Turner ihm eine Landschaft hinzufüge. Turner verweigerte dies – er wollte das Bild nicht verkaufen.«

Für ihn war es ganz gewiß vollendet – ein erneuter Hinweis darauf, daß die späten Bilder keineswegs als unfertig angesehen werden sollten. Zeitgenossen stört besonders, daß man die – für damalige Zeiten merkwürdige – Malmethode des Künstlers auf ihnen noch sehr genau verfolgen kann. Viele, die Turner einmal beim Malen beobachten durften, was selten genug geschah, haben übereinstimmend berichtet, daß der Maler seine Farben auf der Leinwand oder dem Blatt Papier zunächst wie willkürlich zu verteilen schien. Durch Ausreiben, Auskratzen, Ausstricheln, unter Verwendung von Daumennagel, Pinselstiel, Spachtel und Schwamm erzeugte er dann erst die Konturen, die nach dem Abtrocknen durch neuen Farbauftrag verstärkt wurden. Turners Bilder sind aus Farbe entstanden wie aus einer Art von Urelement. Auch durch diese Methode mag er immer stärker in die Nähe der Abstraktion geraten sein, müssen doch unter seinen Händen vorübergehend lauter Bilder entstanden sein, die ihr farbliches und formales Eigengewicht besaßen. Das Weiterarbeiten an ihnen war dann so etwas wie ein Tribut an den Geschmack und das Sehvermögen der Zeitgenossen. Je älter Turner wird, desto seltener zahlt er diesen Tribut. Der Greis malt am Ende nur noch für sich. Und für die Augen der Enkel und Enkelsenkel.

Ein Ausspruch, der von ihm mehrfach überliefert ist – er wird ihn oft auf den Lippen getragen haben –, lautet: »Ich bin schändlich behandelt worden.« Seine Authentizität scheint sicherer als jene Äußerung, die Turner auf dem Totenbett getan haben soll: »Die Sonne ist Gott!«

Er stirbt am 19. Dezember 1851 kurz vor neun Uhr morgens in seiner Schlafraummansarde am Cheyne Walk, die Augen ins Gegenlicht der Sonne gerichtet, die tief über der Themse steht. Sophia Booth hat ihn in einem Rollstuhl an das Schiebefenster gefahren. Turner ist 76 Jahre alt geworden.

Nach eigenem Wunsch wird er im Gewölbe der St.-Pauls-Kathedrale beigesetzt, in deren Schatten er aufgewachsen ist, neben Reynolds und Lawrence, ganz in der Nähe von Christopher Wren, dem Erbauer von St. Paul's sowie fast aller anderen Londoner Kirchen. Wer, vorbei an den Prachtsarkophagen Herzog von Wellingtons und Lord Nelsons, das Grab aufsucht, stößt auf nichts als eine einfache, abgetretene Grabplatte mit dem eingemeißelten Namen J. M. W. Turner. Der Maler des Lichts, des Leuchtens von Himmel, Nebel, Sonne, Wetter, Gischt, der steten atmosphärischen Veränderung, liegt im Tode wie eingemauert. Nur von der Seite fällt ein Lichtstrahl durch einen schmalen Fensterspalt wie in ein Verlies. Er, der sich von der Welt so schändlich behandelt fühlte, hat es selbst so gewünscht.

Seine Wünsche hat man sonst kaum respektiert. Das Testament, obwohl immer wieder verändert und von Kodizillen ergänzt, ist eigentlich eindeutig. Es bestimmt jährliche Summen, die zwei Onkel, einer Reihe von Neffen, Sarah und Hannah Danby sowie anderen, die ihm nahestanden, ausgezahlt werden sollen. Den größten Teil seines enormen Vermögens von 150000 Pfund Sterling will er aber armen Künstlern zugute kommen lassen.

»Das also war der kalte, finstere, misanthropische Geizhals«, lautet Thornburys zynische Quintessenz, »der seine einsamen und trüben Jahre damit zugebracht hatte [...] um jeden Penny, den er mehr bekommen konnte für den Verkauf seiner Bilder, zu feilschen; im Tode hinterließ er die gesamten Einkünfte seines Lebens einem wohltätigen Zweck, der dauern würde, solange es England gab. Wie viele schwarze Zungen hatten Stunden damit verbracht, sein Ansehen zu verunglimpfen [...]!«

Der letzte Wille (der auch ein alljährliches Abendessen für alle Mitglieder der Royal Academy an seinem Geburtstag, dem 23. April, enthielt) wurde von der Familie angefochten und nach langjährigem Rechtsstreit zu ihren Gunsten entschieden. Turner wollte (laut Thornbury) »der Kunst helfen, auch durch die Gründung von Armenhäusern [...] für die armen Fußsoldaten in der großen Armee der Kunst«.

Nichts davon geschah. Die Räume in der Queen Anne Street 47, die als Turner-Galerie erhalten bleiben sollten (mit genauen Instruktionen für die Bezahlung der fünf bevollmächtigten Verwalter, drei Angehörigen der Royal Academy, zwei von ihr unabhängigen), wurden aufgelöst. Die hinterlassenen rund 290 Ölbilder, die über 19000 Aquarelle und Zeichnungen (zusamt den Skizzenbüchern und den *Colour Beginnings)*, für die ein eigenes Haus aus Turners Mitteln gebaut werden sollte, gingen zum größten Teil in die 1897 als Nationalgalerie für britische Kunst gegründete Tate Gallery. Nach der Themseflut 1928, die das Gebäude an den Milbanks erreichte, brachte man die Aquarelle, Zeichnungen und Skizzenbücher in den sicheren Print Room des British Museum. Ruskin verbrannte die Zeichnungen, die er für pornographisch hielt. Das Erbe, als zusammenhängender nationaler Besitz geplant (und von Turner selbst finanziert), zerstob.

Turners Sterbezimmer (zeitgenössischer Stich).

Ein bißchen schlechtes Gewissen hat die Briten, die englischen Museumsdirektoren und sonstigen Kunstverantwortlichen seither dann auch gequält, all den bitteren und klagenden Äußerungen zufolge, die sich in Büchern, Gedenkreden, Aufsätzen und sogar Statistiken finden. Der tote Turner wurde trotzdem fast noch schändlicher behandelt als der lebende.

Gerechterweise muß man sagen, daß sich die Tate Gallery trotz beschränkter Räumlichkeiten immer bemüht hat, eine repräsentative Auswahl aus Turners Werk zu zeigen, und daß im Print Room des British Museum die zeichnerische und druckgraphische Hinterlassenschaft keineswegs, wie Thornbury befürchtete, »eingesargt und weggeschlossen« ist. Der Forschung hat immer alles, Skizzenbücher inklusive, zur Verfügung gestanden.

Aber erst ein amerikanischer Multimillionär konnte es der rührigen Turner-Gesellschaft mit ihren rund 20000 Mitgliedern ermöglichen, dem Willen Turners endlich nachzukommen. Er hinterließ eine Erbschaft, mit der eine Turner-Galerie – die allerdings nicht so, sondern nach ihrem Stifter gerechterweise Clore-Galerie heißen wird – gebaut werden kann. Der damalige Poeta Laureatus, John Betjeman, schlug als Sitz Somerset House vor, jenes Gebäude, das zu Turners Zeit als Königliche Akademie diente. Die notwendigen Umbauten erwiesen sich jedoch als impraktikabel. So wurde auf dem Gelände des abgerissenen Queen Alexandra Hospital, unmittelbar neben der Tate Gallery und mit dieser verbunden, im November 1982 ein von James Stirling in Zusammenarbeit mit Michael Wilford und anderen entworfener Neubau begonnen, eine Art von Happy-End nach über 130 Jahren »fallacies of hope«, getäuschter Hoffnung.

Schon sein Mitakademiker Charles Robert Leslie fand, daß Turners »Genie eines der späten Entwicklung« gewesen sei. Was Turner entdeckte, verwendete er tatsächlich stets mit einer gewissen zeitlichen Verzögerung. Schon als Wetter, Licht, Atmosphäre längst das Hauptthema seiner Malerei geworden waren, streifte er noch nicht die alte topographische Haut vollends ab. Der Maler, der so unvermittelt in Neuland vorstieß, war zugleich ein Zögerer und Zauderer. Die Revolution erfolgte, wie alle großen Revolutionen, jedenfalls auf dem Gebiet der Kunst, von innen. Was sich dort vorbereitet hatte, schlug sich nach außen nieder, ganz folgerichtig und konsequent, aber unabhängig von jeglichen kompositorischen, ornamentalen, topographischen Rücksichten oder solchen gegenüber dem kaufenden Publikum.

Zweifellos ist Turner darin allerdings oft auch taktisch vorgegangen. Was er wann wem zuzumuten glaubte, welche »undeutlichen« Bilder er zu welchen »deutlichen« hängen mußte, um sich nichts zu vergeben und doch zu zeigen, was er zeigen mußte, um weiter Bestand zu haben vor den Augen der Kritiker, wußte er immer genau oder glaubte es zu wissen. Er täuschte sich oft, man könnte sogar sagen: fast immer. Sein Vorrücken ging langsam vonstatten, was sogar für die Nachwelt gilt, die erst in den achtziger Jahren des 20. Jahrhunderts darangegangen ist, wenigstens einen Teil seines letzten Willens zu erfüllen.

Um auf die Undeutlichkeit zurückzukommen, die der amerikanische Sammler James Lenox konstatiert haben soll (Turner: »You should tell him that indistinctness is my forte«), so geschah dies, der Anekdote nach, vor jenem Bild, das geradezu als Inkarnation von Wetter in Turners Malerei gelten kann: *Staffa – Fingals Höhle,* 1832 von ihm in der Akademieausstellung gezeigt, versehen mit einigen Versen von Walter Scott.

Turner hatte Scott im Jahr zuvor in Abbotsford besucht und anschließend die Trossachs, Loch Katrine, Loch Lomond und die ganze schottische Westküste bereist bis Oban und Skye. Von Tobermory aus hatte er sich auf einem Dampfer eingeschifft, um die Inseln Staffa und Iona zu sehen, besonders jene Felsenhöhle des Fingal, Vaters Ossians, des sagenhaften Barden. 1772 durch einen Zufall entdeckt, ist die Höhle zu einem Anziehungspunkt für das romantische Publikum geworden; sie scheint zeitweilig geradezu überlaufen gewesen zu sein.

Ein ungünstiger Tag. Die Wellen schlagen hoch. Dichte dunkle Wolken werden vom Sturm heran- und wieder vondannen getrieben. Prasselnde Regenschauer machen den Aufenthalt an Deck fast unmöglich. Nur wenige Passagiere wagen, das kleine Boot zu besteigen, das auf Staffa anlegt, Turner selbstredend unter ihnen. In der Höhle des Fiuhn Mac Coul (Fingals gälischer Name) macht er eifrig Skizzen, von denen er später

Turner im Print Room des British Museum.

einige für die Illustrationen zu Scotts *The Lord of the Isles* ausführt. Das große Bild zeigt von diesem bedeutsamen Tag nichts Derartiges, keine romantische Wallfahrtsstätte, nichts auch nur annähernd Touristisches, nur Wetter.

Ein wahres Wetterpanorama. Der Himmel links erscheint aufgehellt, die Wolken von einem gefährlichen Gelb durchzogen, aus dem der kleine Dampfer mit der verwehenden Rauchfahne durch die Berge und Täler der Wellen herausstrebt in die Dunkelheit, von der man nicht ahnt, ob sie ein Gewitter ankündigt oder die Nacht. Mitten in der dunklen Wolkenbank, von ihr nur zögernd geduldet, geht blutrot eine verhangene Sonne am Horizont unter. Ihr Widerschein fällt auf die erregte See, über die im Vordergrund eine Möwe streicht. Deutlichkeit wechselt ab mit Undeutlichkeit, was der Meerlandschaft so etwas wie realistische Entrücktheit gibt – man glaubt, den salzigen Wind auf der Haut zu spüren, und befindet sich doch mitten in einem Stück Malerei, vor dem man nie vergißt, daß es sich um Malerei handelt und keineswegs um den Versuch einer kompletten Illusion.

Was die »Undeutlichkeit« betrifft und des Malers in der ganzen Turner-Literatur so oft zitierte Antwort, so handelt es sich wohl tatsächlich um ein Mißverständnis. Im Originalbrief heißt es nämlich (er befindet sich in der New York Public Library, Manuscript Division): »Die Undeutlichkeit ist mein *Fehler.*« Turner verweist auf die Möglichkeit, daß der Firnis auf der langen Reise undurchsichtig geworden sein könnte, und empfiehlt, das Bild mit einem seidenen Tuch sorgfältig abzureiben.

Der Rat muß geholfen haben. Lenox, der erste Amerikaner, der ein Bild Turners erwarb, erwirbt fünf Jahre später ein weiteres, *Fort Vimieux,* das ein gestrandetes englisches Kriegsschiff an der französischen Küste zeigt, hilflos den Kugeln des nahen Forts preisgegeben. Auch dies ein Symbol für jene trügerischen Hoffnungen des Lebens, die Turner mit tief herabgezogenen Mundwinkeln als existentiell für den Lauf der Welt betrachtete.

Zum erstenmal klafft in der Kunst eine Bruchstelle. Eine andere Einstellung den Phänomenen des Sichtbaren gegenüber kündigt sich an. Man mag sie als pessimistischer bezeichnen als zuvor, als realistischer, aber auch als verschwommener. Der

Mensch empfindet sich nicht mehr als Mittelpunkt alles Irdischen. Er erfährt eine metaphysische Verunsicherung, die sich in der Natur widerspiegelt, wie sie erst jetzt von ihm entdeckt wird. Eine Heimat geht verloren, eine andere wird gewonnen und muß, Schritt um Schritt, erobert werden. Das verlangt eine andere Art der Kunst und der Malerei. Die Flüchtigkeit der Erscheinungen, früher ignoriert, rückt in den Mittelpunkt künstlerischer Empfindung. Bei Turner wird der Riß, der Umbruch, die Wandlung zum erstenmal sichtbar. Eine Revolution des Sehens kündigt sich an, die andere endgültig durchführen werden, die er, Turner, wohl weder geahnt noch gewollt hat. Aber er hat auf sie bereits reagiert wie ein Seismograph.

William Turner, der Entdecker des Wetters, war der erste moderne Künstler. Er hat verwandelt, was er aus Erfahrung kannte. Sein Bild von der Welt hat den Bildern, die die großen Maler von ihr entworfen haben, eines hinzugefügt, das uns näher geblieben ist als das der meisten anderen. Es handelt sich um ein in beständiger Wandlung zum Guten oder auch Bösen begriffenes, um ein Dasein, das nicht überall überschaubar oder gar durchschaubar bleibt, um Versuche, Wege zu finden im Unwegsamen. Arthur Schopenhauer ist nahe, auch der Existentialismus. Romantik, rückwärtsgewandt, schließt sich mit Zukünftigem im Kreis, drei Jahrhunderte überspannend.

Entdeckungen sind meist einfacher Art. Ist einmal etwas entdeckt, scheint es selbstverständlich. Durch Turners Wetterlandschaften hindurch blicken wir, immer noch, ganz selbstverständlich, auf uns selbst.

ANHANG

Zeittafel

1738 Prinz Georg, späterer König Georg III., geboren.
1760 Krönung Georgs III.
1775 Am 23. April wird Joseph Mallord William Turner in London, Maiden Lane 21, geboren.
1789 Erste Fußreise nach Oxford. Am 11. Dezember Aufnahme in die Schule der Royal Academy.
1794 Winterschule bei Dr. Munro mit Girtin, Dayes und anderen.
1796 Erstes Ölbild in einer Ausstellung der Royal Academy.
1799 Wahl zum Mitgliedsanwärter in der Akademie.
1800 Turners Mutter wird in eine Anstalt (»Bedlam«) eingewiesen.
1802 Vollmitglied der Königlichen Akademie. Erster Besuch Frankreichs und der Schweiz mit Walter Fawkes.
1804 Am 15. April Tod von Turners Mutter. Eröffnung einer Galerie in der Queen Anne Street.
1807 Erster Band des *Liber Studiorum* erscheint. Am 8. November Ernennung zum Professor für Perspektive.
1809 Erster Besuch bei Lord Egremont, Petworth House, Suffolk.
1810 Erster Besuch bei Fawkes, Farnley Hall, Yorkshire.
1811 Bau eines Hauses in Twickenham (»Sandycombe Lodge«), 1813 vollendet.
1820 Tod Georgs III., König Georg IV. auf dem Thron. Erste Reise nach Italien (August 1819 bis Februar 1820).
1822 Reise zum Staatsbesuch Georgs IV. nach Edinburgh.
1825 Am 25. Oktober Tod von Fawkes.

1828 Letzter Vortrag als Professor für Perspektive. Zweite Reise nach Italien.
1829 Im September Rückkehr von einer Frankreichreise. Am 21. September Tod von Turners Vater.
1830 Tod Georgs IV., König Wilhelm IV. auf dem Thron.
1831 Tour durch Schottland mit Aufenthalt bei Walter Scott auf Abbotsford.
1835 Paris (Treffen mit Eugène Delacroix), Venedig, Berlin, Dresden, Prag, Wien.
1836 Im Oktober John Ruskins erster Brief an Turner.
1837 Am 11. November Tod von Lord Egremont. Tod Wilhelms IV., Königin Viktoria auf dem Thron.
1840 Erstes persönliches Zusammentreffen mit Ruskin.
1843 Der erste Band von Ruskins *Modernen Malern* erscheint.
1844 Letzter Besuch der Schweiz, Heidelberg.
1846 Kauf des Hauses Cheyne Walk in Chelsea.
1851 Am 19. Dezember stirbt Turner in Cheyne Walk 119. Am 30. Dezember Beisetzung in der St.-Pauls-Kathedrale.

Auswahlbibliographie

Die beiden Standardbiographien über Turner sind Walter Thornburys amüsantes *The Life of J. M. W. Turner, R. A.*, in 1. Auflage 1862 erschienen (hier wurde nach der 2., um ein wichtiges Verteidigungsvorwort erweiterten Auflage, London 1877, zitiert; das Werk ist – auch in einer neueren Faksimileausgabe – nur antiquarisch aufzutreiben), und

Alexander Joseph Finbergs kompilatorisches *The Life of J. M. W. Turner,* in 1. Auflage 1939, in 2. 1961 erschienen.

John Ruskins Äußerungen über Turner sind über nahezu sein gesamtes Werk verstreut. Ein Index findet sich in der Edition der *Gesammelten Werke (Library Edition)* von E. T. Cook und Alexander Wedderburn, Band 39, 1912.

Der Gesamtkatalog der Gemälde wurde von Martin Butlin und Evelyn Joll zusammengestellt: *The Paintings of J. M. W. Turner,* 2 Bände, New Haven / London 1977.

Weitere interessante Monographien sind *Turner* von Jack Lindsay (St. Albans 1973), einem marxistisch orientierten Biographen, der als erster Turners dichterische Versuche ernst genommen hat, sowie Graham Reynolds bündiger und verläßlicher *Turner* (London 1969). Vom selben Autor stammt die ausgezeichnete *A Concise History of Watercolours* (London 1971).

Für dieses Thema zu Hilfe gezogen wurde auch der von Lindsay Stainton zusammengestellte Katalog *British Landscape Watercolours 1600–1860* (British Museum, London 1984).

Für einen weiteren besonders empfehlenswerten Ausstellungskatalog in Buchform zeichnet Andrew Wilton verantwortlich: *Turner and the Sublime* (Toronto / New Haven / London 1981).

Ins Deutsche übersetzt erschienen Andrew Wiltons *William Turner – Reisebilder* (München 1982).

Ebenfalls auf deutsch liegen vor: *William Turner* von John Rothenstein und Martin Butlin (München 1965) und *Turner* von Jean Selz, eine Übersetzung aus dem Französischen (München 1976).

Hervorragend der von der Nationalgalerie Berlin (West) durch Henning Bock und Ursula Prinz zusammengestellte Katalog *J. M. W. Turner – Gemälde, Aquarelle* (Berlin 1972).

Wiederum Andrew Wilton hat die Einzeluntersuchung *Turner in the British Museum* (London 1971) angestellt.

Hierfür als Ergänzung kann dienen *Turner – A special loan Exhibition of 20 rarely seen Paintings* von Evelyn Joll (Tate Gallery, London 1977).

Es gibt eine Fülle von kleinen, populär abgefaßten Schriften, die vor allem von der Tate Gallery herausgegeben worden sind, darunter *Turner – Late Works* von Martin Butlin (London 1965) sowie *Turner – The Life and Work of the Artist* des Italieners Giuseppe Gatt (London 1968, wiederaufgelegt 1984).

Kurz, bündig, aber exakt und kulturhistorisch ungemein instruktiv ist das Turner gewidmete Heft 4 der Reihe *The great Artists*, die John Gaisford herausgibt (London 1985).

Es verdankt einiges der gleichfalls populären Darstellung von David Hirsch *The World of Turner* (in der Time-Life-Books-Reihe, 1973).

Ein wichtiger Vortrag von Victor Pasmore, *Turner and the Modern Revolution in Painting,* liegt bislang nur in zwei Ausgaben der *Turner Society News* (London, Februar und Mai 1985) vor.

Selby Whittingham hat *Constable & Turner at Salisbury* eingehend untersucht (Salisbury 1972–76).

Ins Deutsche übersetzte Constable-Biographien: *Constable's England* von Graham Reynolds (Berlin 1983) und *Constable* von Peter D. Smith (München 1984).

Verwendete englische Bücher: *Constable and his World* von Reg Gadney (London 1976), vor allem aber der Katalog der großen Constable-Ausstellung in der Tate Gallery von Leslie Parris, Ian Fleming-Williams und Conal Shields, *Constable – Paintings, Watercolours and Drawings* (London 1976).

Auch über Constable liegt ein populäres, aber aufschlußreiches *Great Artists*-Heft vor, Nr. 1 der Reihe (London 1985).

Weitere Quellen

Bock, Henning, »Das liber studiorum«, in: *Turner-Katalog Nationalgalerie,* Berlin 1972.

Fontane, Theodor (Pseudonym: Noel), »Zwanzig Turnersche Landschaften im Marlborough House«, in: *Deutsches Kunstblatt,* Berlin 1857 (zitiert nach: Andreas Haus, »Turner im Urteil der deutschen Kunstliteratur«, in: *Turner-Katalog Nationalgalerie,* Berlin 1972).

Fulford, Rodger, *Hanover to Windsor,* London 1960, 1983.

Goethe, Johann Wolfgang von, *Farbenlehre,* 3 Bände, Stuttgart 1979.

Goldschmit-Jentner, Rudolf K., *Begegnung mit dem Genius,* Hamburg 1952.

Hardy, Florence Emily, *The Life of Thomas Hardy 1840–1928,* London / Basingstoke 1972.

Hilton, Tom, *John Ruskin. The early Years,* London 1985.

Keller, Harald, *Die Kunst des 18. Jahrhunderts,* Berlin 1984.

Kleßmann, Rüdiger, *Gemäldegalerie Berlin,* Berlin 1971.

Plumb, John Harold, *The First Four Georges,* London 1956.

Pückler-Muskau, Hermann Fürst von, *Briefe eines Verstorbenen,* Neuausgabe Berlin 1986.

Ruskin, John, *Modern Painters* (zitiert nach: *From Beowulf to Thomas Hardy,* Bd. 4, Washington 1944).

Dank gesagt werden muß für viele Hinweise, die mir gegeben wurden, und Unterstützung, die ich bei den Vorarbeiten für diese Darstellung erfahren habe. J. K. Rowlands Esq., M. A., F. S. A., der Keeper des Department of Prints and Drawings im British Museum, gewährte mir Einblick in den Turner-Nachlaß. Im Print Room war besonders Frances Dunkels unermüdlich beim Heraussuchen des Materials behilflich. Auch der Turner Society, vor allem ihrem einstigen Honorary Secretary, Dr. Selby Whittingham, gebührt mein Dank. Ann Livermore und ihr Mann, Prof. Livermore, den jetzigen Besitzern von Sandycombe Lodge, verdanke ich einen Einblick in Turners Lebensführung. Peter Fischer, Kulturkorrespondent in London (Julian Exner), öffnete mir sein reichhaltiges Archiv über Turners Nachwirkungen in der Gegenwart. H. O.

Register der erwähnten Werke William Turners

In Klammern werden die Originaltitel genannt, sofern sie vom deutschen Titel abweichen. Die Jahreszahl bezieht sich auf Turners Ausstellungen in der Royal Academy. Größenangaben Höhe vor Breite. Besitzerangaben nach Butlin/Joll und Reynolds (siehe S. 137). 1986 wurde der »Turner Bequest« vom British Museum (wo ihn der Verfasser noch einsehen konnte) in den Neubau an der Tate Gallery (Clore Gallery) überführt. Daher die Doppelangabe. In Zukunft soll der Turner-Besitz der Tate Gallery zusammen mit dem Bequest in der Clore Gallery ausgestellt werden.

Personenregister

Bildnachweis
Christiane Hartmann, Berlin.

Piper Porträt

Heinz Abosch
Jean Jaurès

Die vergebliche Hoffnung
1986. 173 Seiten mit 12 Abbildungen. Serie Piper 5209

Jean Jaurès gehörte zu den großen Gestalten der europäischen Politik vor dem ersten Weltkrieg. Als Journalist (er gründete 1904 »L'Humanité«) und Politiker trat er für einen Zusammenschluß der französischen Sozialisten ein, stritt für den Hauptmann Dreyfus und warb – als überzeugter Internationalist und Pazifist – für eine Annäherung zwischen Deutschland und Frankreich. Am Vorabend des ersten Weltkriegs wurde er von einem Fanatiker erschossen.
Heinz Abosch, namhafter Kenner der politischen Geistesgeschichte, beschreibt in diesem glänzend geschriebenen Porträt dieses für Europa so wichtige Leben, das die – vergebliche – Hoffnung auf eine friedlichere Zukunft repräsentierte.

Jürg Amann
Robert Walser

Auf der Suche nach einem verlorenen Sohn
1985. 79 Seiten mit 13 Abbildungen. Serie Piper 5212

Dieses Essay handelt davon, wie sich ein Sohn von der Mutter zuwenig geliebt fühlt und deshalb, um nicht verlorenzugehen, anstelle des natürlichen einen künstlichen, künstlerischen Weg sucht, um sich der Liebe der Welt zu versichern. In seinem ersten Schreibversuch schon bringt er dieses kindliche Grundmuster in gültige Form, ihm wird er sein ganzes Leben lang hartnäckig nachspüren. Schreiben als letztlich tragischer, weil natürlich untauglicher Umweg zu den Menschen, als der verborgene Ort, an dem einer gefunden werden möchte, das ist das Thema dieses Porträts.
Die Zeittafel am Ende des Buches setzt das literarische Porträt in den Rahmen der faktischen Chronologie. Die Bilder geben dem exemplarischen Fall sein individuelles Gesicht.

Piper Porträt

Anton Austermann
Kurt Tucholsky

Der Journalist und sein Publikum
1985. 202 Seiten mit 14 Abbildungen. Serie Piper 5214

Vor 50 Jahren, am 21. 12. 1935, wählte Kurt Tucholsky im schwedischen Exil angesichts der deutschen Hitler-Begeisterung den Freitod. Den Humoristen und Feuilletonisten, später auch den politischen Satiriker und Kritiker der Weimarer Zeit haben die Lesergenerationen nach 1945 geradezu verschlungen. Unentdeckt blieb der Journalist Tucholsky, der in einer Fülle von Essays über seinen schreibenden Beruf und dessen Lesepublikum nachdachte.
Austermanns Buch rekonstruiert die in Tucholskys Gesamtwerk gleichsam versteckte kritische Phänomenologie des Journalismus und seines Publikums und interpretiert sie als farbige Theorie gesellschaftlicher Kommunikations- und Lernprozesse.

Hans-Georg Beck
Kaiserin Theodora und Prokop

Der Historiker und sein Opfer
1986. 166 Seiten mit 5 Abbildungen. Serie Piper 5221

Machtgierig und grausam, sinnlich und despotisch soll sie gewesen sein und unheilvollen Einfluß auf die Politik des Byzantinischen Reiches ausgeübt haben. Sagt Prokop, der bedeutendste Geschichtsschreiber der Epoche, über die byzantinische Kaiserin Theodora (500–548). Hans-Georg Beck befragt seinerseits kritisch Prokop: Welche Interessen hatte er, das Bild der Kaiserin in grellsten, skandalösesten Farben zu malen? Die Antwort gibt der Autor in einer blendenden historisch-philologischen Analyse, die das gesellschaftliche Umfeld des Historikers und seines Opfers überzeugend miteinbezieht.

Herbert von Borch
John F. Kennedy

Amerikas unerfüllte Hoffnung
1986. 169 Seiten mit 8 Abbildungen. Serie Piper 5203

John F. Kennedy ist schon zu seinen Lebzeiten zur Legende geworden. Kein amerikanischer Präsident hat so sehr den Begriff des Charismas auf sich gezogen, niemand nach ihm hat seinen Entwurf einer »neuen Gesellschaft« aufzunehmen gewagt. Im nachhinein erscheint daher Kennedy als Symbolfigur eines anderen Amerika, das nicht auf Konfrontation, vielmehr auf Ausgleich setzte.

Piper Porträt

Ludwig Hüttl
Ludwig I.

König und Bauherr
1986. 160 Seiten mit 8 Abbildungen. Serie Piper 5213

Am 25. August 1986 wurde der 200. Geburtstag von König Ludwig I. gefeiert. Unter seiner Regierung (1825–1848) wurde München zu »einer Stadt, daß niemand Teutschland kennt, der München nicht gesehen hat«. Der Ausbau Münchens zu einer Kunstmetropole von europäischem Rang ist aber nur ein Teil der persönlichen und politischen Leistungen, durch die Ludwig I. zum wohl bedeutendsten bayerischen König wurde. In seiner Person vereinigte er die beiden großen politischen Strömungen des Vormärz – den Liberalismus und den Konservativismus. Die Spannung zwischen diesen beiden Polen zeigt Ludwig Hüttl in diesem facettenreichen, auf gründlichem Quellenstudium beruhenden Porträt.

Tilman Jens
Mark Twain

Heimkehr zum Mississippi
1985. 96 Seiten mit 12 Abbildungen. Serie Piper 5223

Mit »Tom Sawyers Abenteuern« hat der Journalist Mark Twain den endgültigen Durchbruch auch als Schriftsteller geschafft. Seine Leser warten auf Fortsetzung. Er beginnt mit dem »Huckleberry Finn«. Doch auf einmal kommt der Text zum Stocken: »Meine Vorratskammer war leer. Das gespeicherte Material war erschöpft, die Geschichte aber konnte nicht aus dem Nichts geboren werden.« So macht er sich 1883 noch einmal auf und kehrt für gut einen Monat heim auf den Mississippi. Auf dem Strom, mit dem fast alle Twainschen Bücher untrennbar verbunden sind, wird die verblaßte Erinnerung wieder lebendig, der Lotse kann wieder erzählen. Diese schöpferische Krise stellt Tilman Jens in den Mittelpunkt seines Mark-Twain-Porträts – sie ist ihm Schlüssel zum Verständnis des großen amerikanischen Autors.

Piper Porträt

Leszek Kolakowski
Henri Bergson

Ein Dichterphilosoph
Autorisierte Übersetzung aus dem englischen Manuskript von Ursula Ludz.
1985. 138 Seiten mit 9 Abbildungen. Serie Piper 5204

Obwohl die wichtigsten Schriften des französischen Philosophen Henri Bergson (1859–1941) in deutscher Sprache vorliegen, gibt es keine leicht zugängliche Darstellung seines Werks. Mit Scharfblick und Einfühlungsvermögen erklärt Kolakowski die wichtigsten Ideen Bergsons, die noch vor einigen Jahrzehnten eine breite europäische Öffentlichkeit erregten: Zeit und Bewegungslosigkeit, Intuition und Intellekt, Geist und Körper, Leben und Materie, Gesellschaft und Glaube. Kolakowski sieht in Bergson einen Schriftsteller, der die Grenzen akademischen Denkens überschreiten wollte. Er weiß Bergson sowohl gegen den »Irrationalismus«-Vorwurf als auch gegen die Anwürfe der katholischen Kirche zu verteidigen.

Sigfried Schibli
Franz Liszt

Rollen, Kostüme, Verwandlungen
1986. 170 Seiten mit 13 Abbildungen und 7 Notenbeispielen. Serie Piper 5238

Franz Liszt (1811–1886), ein Schauspieler? Dieser Verdacht spielte in der Wirkungsgeschichte des großen Komponisten seit jeher eine Rolle.
In seinem Porträt versucht Sigfried Schibli, den verschiedenen Aspekten dieser in der Tat höchst wandlungsfähigen Künstlerfigur nachzugehen und sie als Bedingungen seiner künstlerischen Existenz zu beschreiben: den Wandel vom Lebemann zum Abbé, vom Wunderkind zum Salonlöwen, vom Weltbürger zum selbsternannten »Zigeunermusiker«. Solche Verwandlungen schlugen sich auch in Liszts Musik nieder, z. B. in der h-Moll-Sonate für Klavier. Liszt beherrschte seine vielen Rollen keineswegs perfekt, was ihn biographisch so schillernd und musikalisch so zukunftsweisend machte.

Piper Porträt

Roger Willemsen
Robert Musil

Vom intellektuellen Eros
1985. 245 Seiten mit 16 Abbildungen. Serie Piper 5208

Robert Musils Werk kennzeichnet eine Synthese von Genauigkeit und Leidenschaft, die die Struktur seines Denkens abbildet. »Beiträge zur geistigen Bewältigung der Welt« wollte Musil geben, sein Werk enthält somit nicht allein das diagnostische Bild der bestehenden Wirklichkeit, sondern auch die Bausteine seiner Lebenslehre unter den Maximen neuer Moral. Der vorliegende Band erläutert, warum Musil die Literatur unironisch »eine der wichtigsten Menschenangelegenheiten« nennen konnte. Die Studie versucht in paralleler Darstellung Lebensgeschichte und Werkgeschichte kenntlich werden zu lassen.

George Woodcock
Mahatma Gandhi

Festhalten an der Wahrheit.
Aus dem Englischen von Yvette Köpp.
1986. 142 Seiten mit 8 Abbildungen. Serie Piper 5229

Mahatma Gandhi (1869–1947) gehört zu den großen Persönlichkeiten des 20. Jahrhunderts. Die von ihm entwickelte Strategie der Gewaltlosigkeit zwang das große Weltreich England in die Knie und erreichte Vorbildfunktion für die friedliche Beilegung von Konflikten. In seinem Porträt zeichnet George Woodcock den Weg Gandhis nach und verdeutlicht die inneren und äußeren Kämpfe, die das Leben des »Apostels der Gewaltlosigkeit« bestimmten. So ist dieses Buch gleichzeitig eine Studie über den Widerstand von Menschen, die nur mit Argumenten und der Kraft der Wahrheit und der Liebe – der »Satjagraha« – für ihre Ziele eintreten.

Piper Porträt

Heinz Zahrnt
Martin Luther

Reformator wider Willen
1986. 265 Seiten mit 8 Abbildungen. Serie Piper 5246

Dieses Piper Porträt ist die völlig neu bearbeitete Ausgabe des Buches »Martin Luther: in seiner Zeit – für unsere Zeit«.
Dieses Buch »geht der Aktualität Luthers, seiner Bedeutung für unsere Zeit nach. Heinz Zahrnt deckt erstaunliche Paralellen auf zwischen Luthers 16. Jahrhundert und unserer unmittelbaren Gegenwart.«

Die Weltwoche

Zahrnt »hat es nicht nötig, auf Kosten der Wahrhaftigkeit einen schönen, nur guten Luther vorzustellen … dieses Buch läßt sich auch wie ein Bilderbuch lesen, als Chronik einer Zeit, von der aus ein Licht geworfen wird auch auf die politischen und religiösen Fragen unseres Jahrhunderts.«

Süddeutsche Zeitung